玄侑宗久

Genyu Sokyu

自燈明《じとうみょう》

三笠書房

まえがき

何を頼りに生きればいいか

――お釈迦さまの掌の上を旅した私の記録

「自《じ》燈明《とうみょう》」などと言われても、何のことかチンプンカンプンかもしれない。

これはお釈迦さまが亡くなる前に、アーナンダという弟子に対して話した最後の教えである。つまり、お釈迦さま亡きあと、何を頼りに生きていけばいいのかと訊ねるアーナンダに、お釈迦さまは「汝自身を拠《よ》り所《どころ》（燈明）にせよ」「その汝の感じる世界の在り方（法）を拠り所にせよ」「それ以外を拠り所にしてはいけない」とおっしゃった。

まず自分自身を調《ととの》えて初めて「法」も感じられるわけだから、この本に収めた五つの話を「自燈明」に一本化してもいいだろうということで、これをタイトルにした。だからこれは、いわばお釈迦さまの遺言、この世に生きるすべての人々に向けた最後通牒《つうちょう》なのである。

それにしても、世にこんな宗教があるのだから驚くではないか。お釈迦さまはべつに自分の教えを強要するのでもなく、自分の言葉を拠り所にせよともおっしゃらなかった。ただ数学者が静かに示す定理のような、この世界を貫く法則があるだろうし、それを実感できるように自己を調えなさい。そしてそういう自己を、拠り所にしなさいとおっしゃったのである。

これほど人を信用してかかる宗教があるだろうか。

信用されれば思わず張り切ってしまうのが人情。むろんお釈迦さまは、人情も科学した方だから、そんなことなど先刻承知だろう。

しかも張り切ったとて凡夫の哀しさ。経典に残ったお釈迦さまの足跡を愚鈍にたどり、その真似をして瞑想《めいそう》などしてはみるが、到底燈明にできるような自己を見出してもいないし、まして法が見えたわけでもない。

ここに集めた話は、だからお釈迦さまのオダテに乗った私が、お釈迦さまの掌の上を旅した記録とでも言えばいいだろうか。

1章の「自燈明」や4章の「中道について」はお釈迦さまに忠実そうだが、2章「元気について」、5章「自由意志について」などのタイトルは私の勝手な解釈に思えるかもしれない。まして3章の「禅と桃のおいしい関係」とくれば、いったい何のことかと眉をひそめる方もいらっしゃるだろう。

しかし私としては、これらはいずれも最近の自分を調えるのに不可欠だと感じている切り口。お釈迦さまの掌に見出した手相のようなものなのである。

むろんお釈迦さまは、そんなものも頼ってはいけないとおっしゃるだろう。

だから皆さんも、こんな本は気楽に読み流していただきたい。

私にとっては当然切実だし真剣なのだが、そんなことをここで申し上げるようでは

4

お釈迦さまのお心に背《そむ》くことになる。ここは意地でも申し上げなくてはなるまい。『自燈明』などを拠り所にしてはシャレにもならない、と。

玄侑宗久　謹誌

＊目次

2　元気について
——自分の可能性を目覚めさせる「元気」の力

3　禅と桃のおいしい関係
――しんどい「梅的発想」から楽な「桃的発想」へ

4 中道について

——ちょうどいいバランスの取り方

5 自由意志について
――「自在に生きる人」の強さ

1 自燈明

―どういう自分であればいいか

人は何を「頼り」にして生きるのか

仏教には、涅槃図《ねはんず》という絵があります。

お釈迦さまの入滅、亡くなるときの様子を描いたもので、周囲にいろいろな動物たちが集まり、中には上半身が女性で下半身が鳥という姿のものも描かれています。迦陵頻伽《かりょうびんが》と呼ばれていますとても素晴らしい声だったらしく、その声を供養しようとやってきたんですね。

絵の右上にはお釈迦さまを生んですぐに亡くなったお母さん、生みの親である摩耶《まや》夫人《ぶにん》がいます。

お釈迦さまの病気が悪くなり、危ないというときに――どうも、かなりの下痢が止まらないという症状だったようですが――この生母がやってきて、「効く薬をあげましょう」と言って、ポーンと投げた。しかし、絵の左上にある赤くて丸い薬袋が沙羅《さら》双樹《そうじゅ》の枝に引っかかってしまった。

そこでネズミが「では、私が取りに行きましょう」と、その木を登り始めたのですが、つい本能的に猫が、動いたネズミを追いかけてしまった。

お釈迦さまの重大事だというのに本能が忘れられず、ネズミを追いかけてしまった猫は、もう涅槃図に入れてやるものかと、この絵には猫がいないということになっています。

しかし、京都の東福寺にある国宝の涅槃図には猫が描かれています。

これは、絵描きさんが岩絵の具をいろいろと溶いて描いていたところへ、猫が絵の具をくわえてやってくる。どうもこれは「俺も描いてくれ」という意味かと思った絵描きさんが、猫を描き入れたらしいんですね。日本で唯一、猫が描かれた涅槃図が国宝になっているという話です。

また、この涅槃図では、お釈迦さまは北に頭を向けています。

なぜ、北かというと、北方にふるさとがあったからで、ふるさとに足を向けては寝られないということなのです。

亡くなるときに北枕にするのは、このお釈迦さまの真似をしているわけです。お腹の右側を下にしていますので、西面北枕といいます。

ふだんも北枕がいいですよ。北枕なら頭寒足熱になるし、地軸が南北に走ってN極とS極の間に流れる磁場があるので、私たちの縦長の身体を横たえるのには南北方向が一番いいんです。

東西の向きで寝たり、中には磁気マットレスか何かを敷いて、大変ややこしい磁場で寝ている方もいるかと思いますが、一番いいのは北枕です。私もいまは北枕で寝ています。

お釈迦さまには、いろいろな弟子が集まっているのですが、シャーリプッタ（舎利子）亡きあとの、晩年のお釈迦さまの一番弟子がマハーカッサバ、摩訶迦葉《まかかしょう》という方です。

結局お釈迦さまのあとを嗣《つ》ぐ方なんですが、この方が、お釈迦さまが亡くなるというときに近くにいなかった。連絡は取れてもなかなか戻って来れない。遠くにいたんですね。

一番弟子なので、その人が戻らないことには埋葬もできず、ずっと帰りを待っていたのです。

待つといっても暑い国なので大変です。

まず、お釈迦さまの体中に香油を塗ります。これは油に天然のハーブのようなものを染み込ませたもので、それを体に塗り、その上から包帯というか、さらしというか、インド更紗《さらさ》のようなものでグルグルに巻き、また、そこに香油を染み込ませる。その上からまた巻き、三重ぐらいにギリギリ巻きの状態にして待っていたそうです。そこに、一番弟子の摩訶迦葉がやっと帰ってきたのですが、この「ギリギリ巻き」を見て、真っ先にどこに行ったでしょうか。

やはり頭のほうです。しかし、ギリギリ巻きなので顔が見えません。頭のてっぺんも全部巻いてあるので皮膚が表に出ていないのです。

「生身のお釈迦さまに会いたい」と思っても見られない。そこで、今度は足のほうに回ってみたら、足の裏だけ皮膚が出ている。それで足の裏を見て、お釈迦さまをしのんだ。

しかし、そうはいっても、足は足なので、やはりまた頭のほうに行く。そして、やっぱり生身が見たいとまた足のほうに行って、今度は頭だ、とぐるぐる三回まわったらしいのです。

お葬式のときに三回まわる「三匝《さんそう》の礼」は、そこから生まれたといわれています。これは本当の話です。お坊さん、ウソつきません。

このお釈迦さまが亡くなる前に、

「阿《あ》難尊者《なんそんじゃ》、アーナンダ」

と言いました。

「アーナンダ」とは、まるで無精者の生返事のような名前ですが、十大弟子の一番下でこういう名の弟子がいたのです。お釈迦さまのずいぶん年下の従弟ですね、この方は。

この阿難尊者だけが、お釈迦さまがこういう状態になられたときに、まだお悟りを開いていなかった。

それなのに、いま、お釈迦さまがいなくなってしまったら、これから自分はどうしていいのか、何を頼りに生きていったらいいのかと、非常に不安になり、

「どうしたらいいのでしょうか」

と、お釈迦さまに訊いた。

そのときにお釈迦さまが阿難尊者に向かって話されたことが、「自燈明《じとうみよう》」そして「法燈明《ほうとうみよう》」ということなのです。

お釈迦さまがアーナンダにおっしゃった言葉は、パーリ語の涅槃経の訳ではこう書かれています。

「アーナンダよ。いまでも、また、私の死後にでも、誰でも自らを島とし、自らを頼りとし、法を島とし、法を拠《よ》り所《どころ》とし、他のものを拠り所としない人々がいるならば、彼らはわが修行僧として、最高の境地にいるであろう」

これが、先ほどアーナンダが問いかけた、

「お釈迦さまが亡くなってしまったら、いったい何を頼りにしていったらいいのか」
ということに対する答えです。

「捨てるべき私」と「頼りにすべき私」

これを聞くと、「なるほど、そうか」と思うかもしれませんが、普通こうはなかなか言えないでしょう。どこかの和尚さんでも、あるいは新興宗教の教祖でもいいですが、

「何を頼りにしていったらいいのか」

と問われれば、たいがいは、

「これまで私が言ったことをよく守りなさい」

と言うのではないでしょうか。また、中には、

「私が書いた本をとにかく読め」

などという変な人もいるかもしれません。私はそんなことは言いませんが、こういうことを言いがちではないですか。ところが、お釈迦さまは違うのです。

お釈迦さまが言ったことを一番暗記していたのが、この阿難尊者でした。

お経は、阿難尊者が暗唱したお釈迦さまの説法の内容をもとに作られたくらい、それほど阿難尊者はよくお釈迦さまの話を聞いていた。そうであれば、よけいにこれまでいろいろと聞いたことを頼りにしろ、というのが普通でしょう。

ところが、お釈迦さまは、そうはおっしゃらなかったのです。

この涅槃経を訳した中村元《はじめ》先生は、お釈迦さまには、自分が教団のリーダーであるという意識すらあまりなかったのではないかとおっしゃっています。仏教教団がはっきり教団という意識を持つのは、お釈迦さまの死後といってもいいのです。

もちろん、それまでも、ちゃんとしたまとまりはあったのですが、「仏教として打ち出すぞ」という意識はなかったのではないか、と中村先生はおっしゃっています。

一般に組織というものは、それを存続していくために、

「お金をちゃんと集めなければいけない。そのためには、壺も売らなくては……」

などと、いろいろ変なことも出てくるわけです。

お釈迦さまご自身には、そういう意思がなかったことが、

「あなた自身と、法、つまり真理を拠り所にしなさい」

という言葉に表れています。このパーリ仏典の訳で、

「誰でも自分を島とし……」

という「島」の原語には、「中州のようなもの」と、「燈明」の両方の意味がありま す。

「とりつく島がない」などという、頼れる場所を示す島、これは「拠り所」のことで すね。

日本ではしかし「燈明」のほうになじみがあるでしょう。

「自らを灯火《ともしび》とせよ、法を灯火とせよ」というのです。

「自らを拠り所としなさい」ということの「自ら」とは「我」です。一方、仏教には

「無我」という言葉があります。「我が無い状態が素晴らしい状態である」ということです。

それなのに、最後の最後にお釈迦さまがおっしゃったのは、

「我を頼りにしなさい」

でした。では、この「我」と、「無我」の「我」は同じなのでしょうか。パーリ語の仏典を見てみると、両方とも「アッタン」という言葉。これが「私」です。

「『私』は捨てなさい、そして無我になりなさい」

といっている仏教が、

「『私』を拠り所としなさい」

といっているわけです。

「捨てなければいけない私」と、「拠り所にできる私」の違いはなんなのか。

お釈迦さまはおそらく一生をかけて、その「捨てるべき私」から、「拠り所とすべき私」へ移っていったのだろうと思うのです。

われわれは普通、「自らを燈明としなさい」という場合、自らというものを「よく

調《ととの》えし自己」といっています。

「私は捨てなさい。しかし、私を拠り所としなさい」というのでは、ちょっとわかりにくいので、「よく調った、調えられた私」を寄る辺とし、「調っていない私」を捨てなさいという言い方にしているのです。そうしないとちょっと紛らわしいでしょう。

この「調える」ということが、お釈迦さまが長年かけて、三十五歳でお悟りを開かれ、八十歳まで四十五年間説いてこられたことではなかろうかと思うのです。

自分を「調《ととの》えていく」ということ

では、どうやって、自分を調えていったらいいのでしょうか。

何よりもお釈迦さまが、くりかえしおっしゃっているのは、「瞑想《めいそう》」です。瞑想することによって、我を調えるというのです。

「瞑想」と「坐禅」はどう違うのかと思われる方もいると思いますが、瞑想とは頭の中に言葉が浮かんでいない状態です。そんな経験がある方も多いと思いますが、それを意識的に続けていくのが瞑想です。

私たちの目は、ものを考えるときの入り口になっていることが多い。たとえば、どこか一点を凝視するといろいろと考えることができます。ところが、不思議なもので、二カ所を同時に見ると、それだけでものが考えられなくなります。

ちょっと試してみましょう。

両手を前に出して、両掌のある一カ所、右と左の同じ場所を決めてください。そして、その二カ所を同時に、そして均等に見るのです。

どうでしょうか。二カ所を均等に見ると意識が分散して、ものが考えられない状態になることがわかります。

こういう状態をわざわざ作っていこうというのも坐禅の意図の一つです。

坐禅の場合は一点を凝視したりしますが、長い時間そうしていると続けられなくなり、結局は全体がぼんやり見えるという状況に自然になってきます。そうなったとき、頭の中に言葉が浮かばない状態が作られていくのです。

頭の中に言葉が浮かばない状態を求めるなら、逆にいえば、ほかのことに頭を使えばいいということでもあります。

たとえば、頭の中に映像を思い浮かべたり、音楽に意識を集中していくことでもそうなります。とにかく「言葉」は、私たちをいろいろなところへ運んでいってしまう大変なものなのです。お釈迦さまには、言葉がそれほど危ない道具であるという認識があったのだろうと思います。

お釈迦さまのおっしゃったことを、後に達磨《だるま》さんという方がインドから中国に渡って伝え、仏教が中国に広まりました。

達磨さんがよく言っていた言葉を「達磨さんの四聖句」といいますが、それは、「直指《じきし》人心《にんしん》、見性成仏《けんしょうじょうぶつ》」

——直接に人の心を指す「直指人心」、そして自分の性《さが》を見《あらわ》して仏と成る。つまり、直接に心をつかんでしまうということです。「直指」とは、言葉を介さないという意味で受け止めてください。

そして、四聖句の残りは、

「教外別伝《きょうげべつでん》、不立文字《ふりゅうもんじ》」

達磨さんは、

「教えは言葉では言えない。言葉では何も伝わらない。文字が立たない」

とおっしゃっています。この方も、よほど文字の恐ろしさを知っていたのです。

なぜ文字がそんなに恐ろしいのでしょうか。

禅の言葉で「言語《ごんご》道断」といいます。

最近では悪いことをした人に対して「言語道断な奴だ」「おかゆにトマトジュースを入れるなんて言語道断だ」などといいますが、もともとは「言葉では言えない」ということを「言語道断」といったわけです。

「心配ごとでご飯がノドを通らない」という作り話

言葉はそれほど恐ろしい。お釈迦さまも、達磨さんもそう認識していました。どう恐ろしいのかはまだ実感がないでしょう。では、ちょっとそれを実感してみましょう。

質問します。

あなたは、昨日寝て、今日起きたのですか。え？　あたりまえだろう？　しかし寝たときは昨日だったのですか。寝るときはいったんヨッコラショっと「昨日」に入ってから寝たのですか。そうではなくて、寝たときも今日だったし、起きたらまた今日だったのではないでしょうか。

それを「昨日寝て、今日起きた」というように人は語る。これは「物語」だと思いませんか。だって本当は、寝たときは今日だったでしょう。そして、起きたときも今日です。

だけど、それではどうも疲れが取れそうもない。そこで、「昨日寝て、今日起きた」と語る。二つの瞬間を縦に並べてみた。これを「排列」といいます。

このほかに、私たちはもっと複雑な芸当もします。

たとえば、

「娘が受験なので、このところひと月もご飯がノドを通らない」

というようなことを言います。ひと月もご飯がノドを通らないのでは、いったいどうやって生きているのかというと、スパゲッティやうどんだ、という笑い話もありますが……。

こういうセリフ、つまり、娘の受験が心配で心配で、もう夜もおちおち寝ていられないし、ご飯もノドを通らないというとき、事実の中で不必要なことはカットしていませんか。

こんなことを言いながら、この一カ月の間に、じつはすき焼きも一回やったし、日帰りで温泉にも行った。でも、それを言うと、「娘の受験が心配で」という脈絡が乱れるので、そういうことはカットしてしまう。言わないだけではなく、私たちはそれを頭の中から捨てることができるのです。

だから、それほど不幸でもなかったことは全部カットして、「私の人生はずっと不幸だった」というようなことも言えるわけです。こういう技法を道元禅師は「経略《きようりやく》」と呼んだんですね。

このように、私たちは「物語」を頭で作って、それに見合った過去の時間を並べている。それが私たちの過去に対する認識なのです。こういう捏造《ねつぞう》された時間、あるいは「物語」が、悟るには非常に邪魔だということを、お釈迦さまも達磨さんもいっているわけです。

その点、犬や猫は偉いものです。毎日だいたい似たようなエサしか与えられていないのに、

「今日もまた、これだよ」

という顔をするのを見たことがありますか。もし、あなたが二週間同じおかずだったらイヤでしょう。それはやっぱり、二週間を自分の頭の中で並べているのです。

「昨日もドッグフードだった、一昨日もドッグフードだった。これで二週間だよ」

と、ヒトはちゃんと数えているわけでしょう。そして、

「こんなに自分は不幸だ」

という物語を作るわけです。

ところが、犬も猫もエサをやると喜々としています。昨日食べたものも覚えていないのかというくらいですが、これは大したものだと思います。禅の目指す、一つの極致でもあります。

「いつか」という「いい日」は来るか

犬や猫は昨日のおかずが何だったか覚えていないかのようですが、じつは犬は覚えています。エサをくれる人のこともちゃんとわかってるでしょう。

自分を蹴った人のことなどもずっと覚えています。うちにいた犬のナムなんかは、犬小屋の上に乗ったガス屋さんのことを生涯忘れませんでした。このガス屋さんが山門のところに来ると、その車の音を聞いただけで、吠え始めます。しかし、ガス屋さんのときしか吠えないので番犬にもならなかったのですが。

これくらいよく覚えています。蹴った人のことも覚えています。

しかし、ナムは、蹴った人が帰ったあと、夜寝るときに、「あの野郎……」などとは思っていなかったようです。物語を続けるということがない。しかしまた、その蹴った人が来たときは、「あっ、アイツだ」とわかる。

ところが人間は、相手がいない間もずっとその人のことを思っていることができる。思い続けられるでしょう。嫁姑の問題など、どれだけこれでこじれるでしょうか。

ある人が不機嫌そうな顔をしているので、

「今朝なんかあったのですか」

と訊くと、

「いや、別に今朝は何もない。二週間前に……」

と言う。これは、先ほどの「昨日寝て、今日起きた」の延長で、二週間前からずっと物語が続いているわけです。

でも、寝たのは今日だったし、起きたのも今日です。二週間前からどれだけ寝て起きたのでしょう。そういう物語を毎日毎日続けられては困るのです。

しかし、この「思いを続ける」のが人間の特徴でもあります。これをいい方向に積み重ねると「祈り」というものを生み出します。犬のナムも、猫のタマも祈れません。

しかし、人間は祈ることができる。

ところが、これが逆に向かうと、この思いを積み重ねることで、「恨む」こともできる。裏腹な能力になるのです。思いを積み重ねられるという同じ能力なのに、祈りにも恨みにもなるわけです。

禅では、「なるべくなら積み重ねなさんな」ということを申します。

ひと言で言うと、「因果《いんが》一如《いちにょ》」。原因も結果も「たったいま」にあるではないかということです。

普通、結果はあとでやってくると思うでしょう。

「今日も雑巾《ぞうきん》がけをしたのだから、いつかいいことがあるはずだ」

というように。ところが、そういう「いつか」という日は来ないのです。

よくお通夜などに行くと、

「お父さんは、ずっと働きづめに頑張ってきて、定年になってようやくこれから楽をさせてあげられると思っていたのに、死んでしまいました」

と聞きますが、「これから」などという日は来ないのです。いますぐ、楽しみはじめないと「やがて」というときは来ないのです。

「いつかいい日が来るのではないか」

と結果を先送りにして待っているわけでしょう。

「こんなに頑張ったのだから、そのうちにいいことがあるのではないか。こんなに真っ当に生きてきたのだから、極楽に行っていい思いができるはずだ」

亡くなったあとどうなるのかはわかりません。だから、自分が行なっていることの結果は、いま、もらってしまう。

どうやってもらえばいいのかというと、「楽しい」と思うことです。楽しくなければやめるのです。

こういうと選り好みをして楽しいことだけをやろうとする人がいますが、そうではなく、やっていることが全部楽しいと思うようにするのです。そうしないと損です。

お経をあげると腎臓がよくなる?

原因があって結果があると私たちは思っています。それは確かです。

おそらく、すべてのことに原因があって、すべての行ないの結果は、何らかの形を結ぶでしょう。

しかし、お釈迦さまがおっしゃっていることの一番大事なことは、この「因果律《いんがりつ》」を、私たちは、通常すべては見ることができないということです。

無数のことがらが絡み合って結果となる。一つのことにも無数の原因がある。そのいまの結果が私の目の前で起こるとは限らないわけです。私が生きているときに起こるとも限りません。原因と結果は法則としてあるでしょうが、それは、私たちにはわかり得ないということです。

しかし、私たちは、この因果律に、ほとんど中毒になっています。

たとえば、

「いやぁ、最近太ってきて……」

なんで太ったのか。おそらく太った原因もいろいろと複雑な事情が絡み合ったのだと思います。しかし、

「寝る前に食べるあの饅頭《まんじゅう》のせいではないか」

と、寝る前に饅頭を食べるのをやめて、水を飲むだけにする。しかし、水を飲んでも太ると思いながら飲むと痩《や》せません。水が「太る役目」を期待されてしまっているのです。

「私は水を飲んでも太るのよ」

と言いながら飲むと、どうもそうなるようですね。太る原因を何かに求めたいからなのでしょう。

あの人の背が高いのは、中学生のときにバレーボールをやっていたから――そんな

単純なものでしょうか。もっと複雑な事情が絡み合って背が高くなったのではないですか。

ところが、私たちは原因を何かに決めたい。それが私たちの非常に大きなクセ、近代人のクセです。だから「拝み屋さん」のような人にもつかまるのです。拝み屋さんとは、わけがわからない出来事の原因をスパッと一つに決めてくれる人です。

「なに？　腎臓が悪い？　それはあなたのご先祖がお地蔵さまに立ち小便を引っかけたからです」

と、こう言われると、「ああ、そうか」と、そのご先祖を供養しなければいけないという気になる。ズバッと一つに決めてしまう強引な決め方です。このように決めてくれる人がいることが、まぁ救いになったりすることもあるのですが……。

もし、先祖の立ち小便が原因だったら、自分のせいではないでしょう。自分のせいではないと思ったとたんにホッとするわけです。ホッとすると血液中の白血球などの構成も変わってくるらしい。リンパ球が増えてくるんですね。そうすると自然治癒力も高まって、結果的に腎臓がよくなるということが起こったりするわけです。

だから、腎臓が悪いのでお経をあげてもらえませんかと、お寺に来る人もいたりするわけです。拝み屋さんにそう言われたから来た、とはなかなか言いませんが、そんな馬鹿馬鹿しい話でも、お経が効かないとは言い切れません。立ち小便をしたご先祖さまが成仏するわけではないと思いますが、めぐりめぐって何事かが起こるのです。そして、事態が大きく変わることがあります。

「心配」から解放される一番の方法

「風が吹いたら桶屋が儲かる」という諺《ことわざ》みたいな言葉がありますが、これなど、私たちが因果律でしかものを考えられないという典型みたいな話ですね。

桶屋が儲かる原因を風のせいにしているわけでしょう。誰かが桶屋をねたんでいたのか知りませんが、桶屋はいろいろと複雑なことが絡まって儲かっているはずなのです。きっと愛想がよかったり、桶の品質もよかったのでしょう。

ところが、たぶん、それをねたましく感じた人が、風が吹くと砂ぼこりが立って目にゴミが入る。そうすると、目が悪くなって三味線《しゃみせん》弾きになる人が出てくる。三味線弾きが増えると猫がいっぱい捕らえられて、ネズミが大量に増えて桶をかじった。それで桶屋が儲かったという強引な因果律で解釈したわけです。

そういう理屈にしないと、私たちは納得しないという典型のような話でしょう。ですが、よくよく考えてみてください。砂ぼこりが舞って失明する人が何人いるのですか。失明した人の中で、三味線弾きになる人が何人いるのですか。要するに、この二つを見ただけでも、「風が吹いたせいで桶屋が儲かる」という確率はゼロに近い。

このことを先日、仙台の和尚さんに申し上げたら、

「風が吹くと、桶が乾いて使い物にならなくなるので、桶屋が儲かる。単純なことだよ」

と言われましたが、いずれにしても、その単純な因果で私たちは、自分のことも人

のことも解釈しようとする。「単純な物語」で世の中を見たいという思いが強いわけなのです。しかしこれはどう考えてもフィクションです。

その物語を作ることで幸せになるのならいいのです。ところが、私たちの脳はどういうことを考えるかというと、たとえば、先ほどのように、

「娘が受験なので、ご飯もノドを通りません」

ということになる。娘さんはそんなことを言われたくないでしょう。

「お母さんが好きでスパゲッティを食べているんでしょ」

と言いたくなる。お母さんにとっては、ノドを通らない、心配しているということは、心配されている人のせいだという論理がどこかにあるわけです。原因は娘だと言いたいのでしょうが、ちょっと違うのではないですか。心配したいから心配しているのでしょう。これは誤解されると困るのです。なぜなら、心配の種というのは世の中から絶対になくなりません。こういう方は、心配をしたければ、心配の種をどこからでも見つけてきます。

たとえば、自分の娘が三十代になっても、まだ結婚をしない。そんなとき、「まだ

結婚しない」と思う前のことを思い出してください。

「不純異性交遊なんかするんじゃないぞ」

と言っていたわけでしょう。

「男の子とつき合うなんてとんでもない」

と怒っていたわけです。ところが、しばらくしたら、

「お前、まだ結婚しないのか」

……。いったい、いつ解禁になったのですか。あるとき突然に、

「まだ、結婚しないのか」

と変わるんですね。こういう、子どもの結婚を必要以上に心配する人は、たとえ結婚したとしても心配は消えません。

「子どもはまだか……」

そして、孫ができても、心配の種はどこからでも探してくる。学校の成績であったり、やがてその孫が成人して結婚するまでは死ねない、などとなるのです。

心配したい方は、じつは好きで心配しているのですが、そのことを自覚していませ

ん。心配をやめるためには、たったいま、それをやめるしかないのです。

どんな問題も丸飲みして解決する「方便」の力

江戸時代に白隠《はくいん》さんという方がいらっしゃいました。

白隠さんはすごい方でした。

ある大店《おおだな》の息子だという信者さんが、

「父親が強欲でお金のことばかり考えている。なんとか真人間にさせたい」

と相談に来た。普通は逆のパターンが多いような気もしますが、こういう家もあるのでしょう。しかし、目上、特に親を変えようと思ったら、これは大変なことです。

自分が変わったほうがよほど早いでしょう。でも、毎日お金勘定ばかりしている父親

をなんとか変えてくれないかと頼まれた白隠さんは、

「わかった。明日から、お父上にお寺に来るように言いなさい。念仏を唱えたら、一回一文で買ってあげるから」

と言ったそうです。それを伝えたら、父親は大喜びで寺にやってきた。お寺で念仏をあげるだけでお金になるのです。

「なんまんだぶ、なんまんだぶ、なんまんだぶ、なんまんだぶ……」

と、指を折りながら数えている。

「二百回やりました」

「二百文だな」

と白隠さんからお金をいただいた。翌日もやったら、また、やった分だけお金がもらえた。これを何日か続けていると、父親は念仏をあげるのがだんだん気持ちよくなって、数え忘れてしまうようになってきた。だいたい、あげた数を数えているようなうちは「念仏」とはいわないのです。

そのうちあげた回数を忘れるようになると、白隠さんは、

「自己申告で払っているのだから、忘れたら払わないよ」

と言って払わなかった。そうすると父親は、

「気持ちよかったし、まあいいか。また、明日稼いでやろう」

と思ってお金をもらわずに帰ったのです。そして、また翌日来たのですが、また気持ちがよくなって数が数えられなくなり、それが続くうちに、とうとう本当の念仏行者になってしまったといいます。

それまでのお金勘定ばかりとの生活とは別な暮らしが始まります。

「おかげさまで父が変わりました」

ということになったのです。

それにしても白隠さんのように、「念仏にお金を払うから来なさい」というようなことが言えるでしょうか。ちょっとおかしい相手をまるまるそっくり認める入り口を作ってあげたわけです。なかなかできないことですよね。

普通は、

「あなたは間違っている。もうちょっとこうなってほしい、こうなったらどうか」

と正義を振りかざしてしまいます。世の中で正しいのは、いつも自分に決まっているわけです。でも、それでは相手は変えられない。アメリカもイラクを変えられない。「正しい」ではなく、いかに相手が入ってこられる玄関を作れるかということです。それが「方便」の力だろうと思うのです。だから、どうせ物語を作るのなら、このくらい手のこんだ物語を作ってはいかがでしょうか。

頭の中で「いい物語」を作る

仏教には四つの真理――四諦《したい》というものがあります。
まず誰にとっても「苦」が存在するという真理が、「苦諦《くたい》」ですね。
そして、「集諦《じったい》」といって、それが何らかの原因で発生したのだという真理。

そして、「道諦《どうたい》」でそれを何とかする道を見つける。

最後に、「滅諦《めつたい》」で苦しみがなくなり、涅槃にいたるということです。

たいていの仏教の解説書には、この四つの中の「集諦」が「原因」と書いてあります。「苦には原因がある」というように書いてあるのですが、これは間違いです。

「集諦」という言葉の基本は、「発生する」ということなのです。

苦しみがあるということは、それは発生したのであって、それが「集諦」です。そして、発生したものならなくせるはずだ、ということになる。具体的な指針として「八正道《はつしょうどう》」という道があるので「道諦」。そして、「道諦」によってその苦しみが滅ぼされるので「滅諦」になるのです。

原因を探し、何かに特定して、それをなんとかすれば状況が変わるという考え方は捨てたほうがいいと思います。原因を特定することは私たちには難しい。そうではなく、たったいま、心の組成を変えるのです。

「人が変わる」ということがあるでしょう。昔は、変なふうに人が変わると、キツネがついたなどといわれましたが、そうではなく、ガラッと人が変わることがあります。

先日、養老孟司《ようろうたけし》先生に、

「人が変わったというときに、脳の組成が変わっているのでしょうか」

と訊いたら、

「変わっていると思います」

と、すぐにはっきりとおっしゃっていました。

人間の「思い」のあり方だけで脳の組織まで変わってしまう。これは実際にあるようです。だからこそ、たとえば、悪いことをした人も心から懺悔《ざんげ》したとき、頭の中が変わるのであり、それを信じられるから許せるのでしょう。

ところが、いま、学校では、「あなたの変わらない個性を大事に」などと教えています。

このように、個性はずっと変わらないと考えているから、たとえば、犯罪を犯した人が刑期を終えてきても、何をするかわからないと思ってしまうわけでしょう。

もし、個性が本当に変わらないと思っているのなら、刑など科さずに死刑にすればいい。更生施設があるということは、人は変わるということを信じているわけでしょう。

われわれの修行もそうです。人は変わるからこそ修行の意味もある。頭の中がガラッと変わるわけです。そういうことは現実に起こると思います。

頭の中がガラッと変わることは、それほど難しくはありません。自分が抱えている物語を意識的に変えることで、かなり変わると思います。

あなたも、痛いときは「痛いっ」と思うし、暑いときには「暑い」、イヤな奴がいると「イヤな奴だ」と思うでしょう。こんな喜怒哀楽は自然現象のように思っていませんか。

でも、喜怒哀楽は自然現象ではないものがいっぱい含まれています。自分の脳の中で捏造しているものがたくさんあると思うのです。

たとえば、私たちは動物としては、お腹いっぱい食べれば、もう食欲はなくなるはずです。たくさん寝れば睡眠欲もない。性欲だって限りのあるものです。そのはずですが、この脳が物語を作ってしまうのです。その物語によって食べ続けることもできる。いじめ続けることもできる。とんでもない異常なこともできるようになるのです。

私はそういうものが、頭の中で作っている「物語」のせいではないか、という気が非常にしています。

お釈迦さまは、

「自らを灯火《ともしび》としなさい。自らを拠り所としなさい」

とおっしゃいました。拠り所とすべき自らというのがつかめてはじめて「真理」が見える。「法」が見えるわけです。その拠り所とすべき自己にいたるのには、おそらく瞑想が一番の方法でしょう。瞑想とは、いわば物語を解体すること、言葉からの解放です。だからこそ、折に触れて「言葉が浮かばない時間」を意識して作っていただきたいと思うんです。頭の中に言葉が浮かばなければいいのだから簡単です。

たとえば、お風呂で「いい湯だなあ」と思いますね。そのときに「いい湯だなあ」と口に出すと、自分の声が「ウァンウァンウァン」と響きます。今度は目を閉じて、フッと首を右に動かしてみる。そのとき、意識を首のあたりで起こる筋肉の変化だけに集中するのです。これだけで頭から言葉がなくなります。

あるいは、手を使ってもいいでしょう。

手先を動かし、ここが突っ張って、ここが伸びてという手の中の筋肉の感じだけに意識を集中します。誰にでもできます。これでも頭から言葉はなくなります。

　こんなことを日常的にしながらも、人はどうしても「物語」を持ってしまう生き物ですから、どうせ持つならできるだけ「いい物語」で世の中を見ていく。「いい物語」が大事です。「アイツは憎らしいなあ」という物語でその人を見るから、憎らしいところを探してしまうのです。

　通りすがりの人に、「ありがとうございます」とわけもなく言ってみるのもいいでしょう。私たちの脳は、この「わけもなく」ということがイヤなのです。だから、「ありがとうございます」というと、何か感謝すべきものを見つけないと気がすまなくなります。そうすると感謝すべきところが必ず見つかる。このように、言葉で思いを誘導していくという技術も使ってほしいですね。

　私は「愚痴」が嫌いです。

「そうはいっても、愚痴で言っている内容は真実だから仕方ない」と思うかもしれませんが、それは決して真実ではないのです。あなたの脳細胞で見た世界の「想像」と、あなたの「言葉」が言っているだけなのです。妙な物語が先にあって、それに見合った材料をあなたの感覚が捜してきただけです。

どうしても私たちの頭はいろいろな「物語」を持ってしまいます。だから、それを解きほぐしていくためにも、言葉の浮かばない瞑想に親しむことをお勧めします。そうして自分の内部を調えていって、なるべく「いい物語」に作りかえていくことが大事なのです。

白隠流「そうだったかなあ」の生き方

キリスト教は「原罪」というものを想定しますが、人は放っておくと悪いことをするという考え方は、ちょっとしんどいですね。

その点、仏教の場合は、その人の心の奥底を探っていくと輝かしい仏性、ブッダ・ネイチャーという仏さまと同じ性質があると考えているわけです。

それは、憎らしいあの人も同様です。

どうも私の体験からすると、イヤな憎らしい人から逃げると、もっと憎らしい人が現れます。脅しているわけではありませんが、その人をクリアしたとき、自分が変わるんでしょうね。逃げれば自分は変わりませんし、その人との壁も厚くなる。だからその後に現れる人はもっとキック感じるのでしょう。

だから大前提として、自分が好きであろうとなかろうと、理解できようとできなかろうと、どの人もみんな素晴らしい人だと、まず思っておきたいのです。

しかし、人間は習慣に染まる生き物です。習慣が思考も決めます。行動も決め、感情も支配します。したがって、その人の習慣によっては、こちらから見るとイヤなものが出てしまう。しかし、それでも本当はいい人で、すばらしいところがある人なのです。でも、いまは暗雲垂れ込めていてそれが見えないだけだ。そう思うんです。

実際は、暗雲が垂れ込めているのはこっちの頭だったということが一番多いわけですが。でも、その人にも垂れ込めていて、そのせいで見えないだけだと思ってもいいと思います。

そうすると、世の中の見え方がずいぶん違ってくるのではないでしょうか。世の中には確かに「いい人」と「悪い人」がいる。イヤな奴もいる。でも、もともとは違うのです。

「もともと」と言うと、

「アイツは三歳のときからイヤな奴だった」

と言う人もいますが、もっと「もともと」です。そういう歴史の問題ではないのです。

人間同士向き合ったときに、そのことを心の底のほうで信じていられるといいなあ、と思います。

先ほどの白隠さんは、本当に腰の据わった方でした。

こんな話もあります。

先の話とは違う、別の信者さんがいました。その大店の主人は娘も時々一緒にお寺に連れて行っていた。

あるとき、その独身の娘が「つわり」になり、しばらくすると、だんだんお腹が出てきた。そんな娘を見て、父親は誰の子どもかと問いつめたのですが、言えない事情の子どもだったのでしょう、娘は、

「白隠さんの子どもだ」

と言ったらしい。

それを聞いた主人は、子どもが生まれるまで待ち、その子を連れて白隠さんのところに談判に行ったのです。うちの娘に何をした、身に覚えがあるだろう、と。

すると、そう言われた白隠さんは、

「そうだったかなあ」

と答えました。

主人はますます怒って、その子を白隠さんの寺へ置いてきてしまった。

それから白隠さんは、托鉢《たくはつ》するにも庭掃除をするのにもその子をおんぶしたり、抱

っこしたり、米のとぎ汁を飲ませながら、大変な日々を送っていた。ときには貰《もら》い乳もしたようです。托鉢するときも子ども連れなので、信者さんの間では、「あそこの娘に孕《はら》ませた子らしい」などと噂が広まり、とんでもないクソ坊主だということになってしまったわけです。

ところが、これに耐えられなかったのは娘のほうでした。子どもがどうなっているかが気になって、娘は時々見に来ていた。一緒に托鉢に連れられている子どもの様子を見て、このまま黙っているわけにはいかないと思ったのでしょう。

「本当は白隠さんの子どもではありません」

と父親である主人に告白したのです。

主人は大あわてで娘を連れて白隠さんのところへ行った。土下座でもしたことでしょう。

その騒動が終わって、

「さぞやお怒りでしょう。しかし、このまま事実がわからなかったら、老師はこのままお育てになるつもりだったんですか」

と訊かれた白隠さんは、

「ああ、そうだったかなあ」

と答えたらしい。

これって、すごくないですか。普通はそこまではやれません。もし、うちだったら大変です。白隠さんは結婚していなかったからよかったですが、「和尚さんの子どもです」なんて連れてこられたら、私など追い出されるのではないかと思います。

「そうだったかなあ」なんて言えるもんじゃない。ほんと白隠さんという方は、ちょっとすごいなと思うのです。

こういうドーンとした揺らがないものを持つ。

別の言葉で言えば、「腰の強い物語を持つ」ということです。

単純な因果律で世の中のことを見ない。原因は無数にあり、むやみに予測はつかないわけです。ただ「いま」というこの時間を「因果一如」の思いで生きるということです。

「今日寝て、今日起きる」のです。寝るのは今日、そのあとのことは知らない。起きるのも今日です。明日という日はないのです。人がどう見ようと、いいじゃないですか。

お釈迦さまは、当時、八十歳まで生きられたわけですが、心と体の使い方を正しくしていくと自動的に長生きしていくものです。

早死にしちゃった人の家族にはむろんそうは申しませんが、その可能性がある方には、私はそう言うわけです。テレビだってそうでしょう。使い方が荒っぽいとすぐに壊れて見えなくなってしまいます。体と心を正しく使うという方法が仏教にはあふれているので、そうやって長持ちさせていただきたいと思います。

「自燈明」とは自己だけが頼りです。どうやって、その自己を調えるかという話でした。

ありがとうございました。

2 元気について

自分の可能性を目覚めさせる「元気」の力

「病気にくわしい人」より「元気にくわしい人」に

世の中には「病気」と「元気」があります。

変な話ですが、

「糖尿病専門のお医者さんは、なぜ糖尿病になりやすいのか?」

「がんの専門医は、なぜがんになりやすいのか?」

と、いうことを考えると、人が頭でイメージしたものは、それだけで力を持ってしまうということがいえるかと思います。

たとえば、青空に白い雲がある様子を、思い浮かべないでください。

どうですか、思い浮かべてしまったでしょう。

このように、「思い浮かべるまい」と想うことと、「思い浮かべよう」と想うことは、結果的には同じ効果があるのです。同様に、

「がんにだけはなりたくない」

というふうに思うのは、

「がんになりたい」

と思うのと、ほぼ同じ力を持っているということです。「なりたい、なりたくない」という述語の部分は関係ないんです。だからおそらく、「思い描いてしまったイメージは、大きな効果を発揮してしまう」ということがあるのでしょう。

話題になりやすいのは、「元気」よりも「病気」のほうですが、病気についてくわしくなることは、考えものです。どうせなら、「元気」についてくわしくなってもらいたいと、私は思います。

この「元気」という言葉は、中国伝統医学、日本では漢方医学といいますが、その考え方に基づき、「元」と「気」という言葉が、結びついたものです。

まず、この「元」という文字は、「二」という字の下に、人が歩いているような足

がついています。「二」とは、文字学者の白川静先生によれば、「首」を意味しているそうです。首というものは、人間にとってとても大事なものです。

猫は首を持たれると痛くないようだ、という人もいますが、そこを持たれると痛くてどうしようもなくておとなしくなる、という気もします。どちらでしょうか。たぶん、滅茶苦茶痛いのではないか、猫が抵抗できない状態になるんじゃないかと思うんです。

首の前には、第二頸椎《けいつい》とも呼ばれている「のど仏」というものがあります。「仏さま」がいらっしゃるということですし、ここを撃たれるとイチコロですから大事ですね。キリスト教圏では、「アダムズ・アップル」といって、のど仏はアダムがリンゴを食べたときに種が引っかかったためにできたと考えています。だから人間は罪を背負っているというわけですが、そうすると、男のほうが罪が大きいのでしょうか……。いずれにしても、元気の「元」は、首を意味する「二」というものがあって、それに動きを表す、人間の歩く姿を下に加えたものです。

一方、「元」という文字が表すのは「首」ではない、という説もあります。

「上」という字の古い形という説で、「上」とは宇宙や自然という意味です。足の形が生物という意味だと考えると、「自然と生物のすべて」が「元」になります。

また、「元」という文字は、時間的には「始まり」という意味を表すだけでなく、空間的な「もと」も表します。

これは、一点からすべてが生まれてくるというか、一点からだんだん大きくなっていくというように考えていくと、「部分」ではなく「全体」です。宇宙に満ちているエネルギーの全体と考えていいかと思います。

私たちを取り巻く「三つのエネルギー」

「元気」の「気」のほうはどうでしょうか。

「気」も中国の考え方ですが、私たちを取り巻く自然を司《つかさど》っているエネルギーの一つの状態を指します。そのエネルギーはふつう三種類想定されています。

一番荒々しいエネルギーが「精《セイ》」です。

これが分子や原子のように細かく、さらに精錬されていくと「気《キ》」になります。

原子や分子よりも小さくて整っているという状態は、現代科学的に考えれば「素粒子」のようなものでしょう。

そして、「精」が「気」になり、もっと練れてくると「神《シン》」と呼ばれます。

これも現代科学的にいうと、「超ひも」といわれる物質の最小の要素、あるいはエネルギーそのものという言い方もできると思います。

中国ではこのように、精、気、神という順番でエネルギーの存在形態を考えています。この最初の「精」と、最後の「神」をとって、「精神」という言葉ができます。ですから、精神というものは、実体のない概念ではないのです。つまり、何らかのエネルギー、何らかの現象を指している言葉です。精と神の間にはさまれた「気」も、当然、物理現象であると考えられています。

別の言い方をすると、「精」から「神」へ、だんだん細かくなっていきます。「精」や「気」あたりまでは、人間にも意識できます。しかし、もっと細かく、「神」にまでなってしまうと、これはもう「無意識」という現象になります。

あくまでも、「精」とか「気」というものは、現象に対する呼び方です。一方、私たち人間が考え出す概念のことをひと言で言うと、「理《り》」ということになります。朱《しゅ》子《し》が提唱した「理気二元論《りきにげんろん》」という説がありますが、世の中は、「理」と「気」の二つに分けることができます。

いま、「理」というと、理科系というような使い方をしますが、昔は概念のすべてを「理」という言葉で表しました。いってみれば、「哲学」も「理」だったのです。

哲学というのは、明治になって西周《にしあまね》によって作られた新しい言葉です。もともと東洋人にとっての哲学は「理」でよかった。しかしいまや「理」といえば「文」に対するものになった。それだけ「理」という言葉の表す意味が狭まってきたということです。

「元気」とは、「元」と「気」が合わさった言葉ですが、これはひと言で言うと――

ひと言では言えないのですが――「統合する力」というふうに考えてみたいと思います。

「陽気」はよくて「陰気」は悪いのか

「元気」とは、物事が動くエネルギーの基で、これがなければ何もできません。

中国の『易経《えききょう》』では、「元気」が、まず「陰」と「陽」に分かれると説きます。その陰と陽が絡み合ってこの世界を満たすエネルギーが生まれ、すべての物質が生み出されるのです。

西洋では、そのような「陰と陽」という考え方を持たなかったので、あらゆるものを創り出したのは創造主である神だ、と考えました。ところが、陰と陽によってすべてが生み出される東洋思想には、創造神に当たるものが必要ないのです。

私たちはよく、「陽気」だとか「陰気」といいます。

これは、本来は「陰の気」と「陽の気」のことですが、私たちはつい、「陽気なほうがよくて、陰気はよくない」と受け止めがちです。

「陰にこもっている」というと何か怖い感じがして、陽のほうがよくて、陰はいけないのではないか、というイメージが広がっていますが、この両者はじつはまったく対等です。

韓国の国旗には、この陰と陽のうねりを描いた「太極《たいきょく》」という図が描かれていますが、太極とは「元気」そのものであり、陰と陽はまったく対等なのです。

陽の基本的な性質は「動く」ということです。一方、陰の基本的な性質は「動かない」ことなんです。

植物でいえば、陽は枝葉や花にあたり、陰は根っこにあたります。枝葉はどんどん伸びて、花も咲かせなければいけませんが、根っこも必要です。ということで、どちらも欠かせません。

中国人は、世の中のあらゆるものを陰と陽に分け、そのバランスによって世の中が支えられているという自然哲学を生み出してきました。それが伝統医学にも応用されているのです。

私たち人間にたとえてみましょう。

一人の人間の中にも、陰と陽がなくてはいけません。動きすぎてもいけないし、動かなすぎてもいけない。

脳の働きでいえば、左脳の働きに象徴される、言語でものを考えたり、計算したりしている「理知」とか「知性」、つまり分解する方向性が陽です。

「わかる」という言葉は、「分《わ》かれる」という言葉から来ていますが、「物事を分けたあげくに分かる」という意味です。ですから、わかるということは「陽」なのです。左脳は「陽」なんです。

仏教でいう「智慧《ちえ》」は難しいところですが、少なくとも西洋的な意味での分別、知恵や知識は「陽」といっていいと思います。

それに対して「愛」は、「分ける」という働きではなく、根っこのように「包み込む」働きです。したがって陰になります。仏教的には、陰にあたるこの包み込む働きを「慈悲《じひ》」といいます。

非常に概念的というか、大雑把《おおざっぱ》な分け方ですが、理知、左脳……こういったものが「陽」にあたります。

一方、右脳的であったり、愛であったり、慈悲というものが「陰」の働きになります。

ですから、両方が必要です。「陽」ばかりがいいわけではないのです。

陽は、あくまでも「枝葉」なので、枝葉ばかりがどんどん伸びていくと、根っこからの栄養が回りきらなくなって木は支えられなくなり、枯れてきます。だから剪定《せんてい》する必要が出てくるのです。

対等な両者という意味では、たとえば、男は陽、女は陰といいます。

男のほうが動き回っているということもあるでしょう。最近は、奥様が奥にいるのかというと留守だったりしますから、そうでもないかもしれませんが。

「曼荼羅《まんだら》」が示す仏教的健康観

陰と陽はもう一つ、「曼荼羅」というものにもたとえられます。

真言宗を起こした空海は、世界観を表すものとして「金剛界曼荼羅《こんごうかいまんだら》」と「胎蔵界曼荼羅《たいぞうかいまんだら》」という二種類の曼荼羅を示しています。

これはもともとは別の仏教、別な地域、別の時代に流行したものですが、それを日本に持ってきて並べたのが空海の独創性です。

「金剛界曼荼羅」には、世界を一つの真理に抽象化して示す働きがあります。論理的な思考を根底におく、どちらかというと男性的な世界観です。

たとえば、「真理は一つなのだ」という思い込みがありませんか？　よくそういわれますが、本当にそうなのかな、と思います。こういう思い込みは、どちらかというと、男のほうに多くあります。

男と女の平均寿命を比べて、なぜ男のほうが短いのかは謎ですが、私は、男の思考のほうが不自然な形になっているせいのような気がします。男は「どちらが正しいか」と考えたり、抽象化することが得意です。それに身を殉じてしまうことがあるのも男に多いですよね。

一方の「胎蔵界曼荼羅」は、胎蔵という文字の通り、子宮の働きが根底にあります。女の人は、もともと子宮という特別にすごいものを持っていて、そこで「異物」を育《はぐく》んでしまうわけです。母親とは血液型が違ったりする子どももいるわけですから異物でしょう。

このように、たとえ血液型が違っていても、異物である部分を通さずに、共通のものだけを通す「胎盤《たいばん》」というすごいシステムを持っているんですね。だから女性には、異物も非常に認めやすい発想があるのではないかと思うのですが、「胎蔵界」の「胎」とは、サンスクリット語でも子宮のことです。ガルバといいます。

ですから、胎蔵界とは、もともと女性的な世界観、いまの言葉で言うと、「マトリックス」という言い方でしょうか。

陰陽の話に戻すと、「金剛界曼荼羅」が「陽」で、「胎蔵界曼荼羅」が「陰」です。

これが仏教の陰と陽です。

仏教はそれを受け、健康であるために「薬師如来《やくしにょらい》」という方を創造しました。健康を司る薬師如来は、病気と闘って勝つ、病気を克服する力の象徴です。

薬師如来像をご覧になったことがあると思います。朝日を見たあとは、「ああ今日も健康でいなきゃ」と思うものですが、この如来は東の空、朝日の瑠璃色《るりいろ》の光の中にいらっしゃいます。

この薬師《やくし》という文字は「くすし」とも読みます。「薬師《くすし》」とは医師のこと。健康とはこういうものだと医師が主張しているのです。

薬師如来は両脇に日光菩薩《にっこうぼさつ》と月光菩薩《がっこうぼさつ》を従えています。この両菩薩もまさしく陽と陰を象徴しています。

この「陰と陽のバランスを取ることが健康である」という仏教的な健康観を、薬師如来は伝えているのです。

ただし、仏教のすごいところは、薬師如来だけではまずいのではないか、という考え方をかなり早い時期から持っていたということです。

これはどういうことかというと、医学的には正しいことでも、押しつけられるとストレスになって健康を害するのではないか、ということです。

「フィンランド症候群」という言葉を聞いたことがあるでしょうか。フィンランドで、医師とのつき合い方を十五年間にわたって追跡した調査研究です。

「医師の指示をよく守って暮らしたグループ」と、「医師とは無関係に勝手に暮らしたグループ」の人たちの十五年後を調べたのです。

どちらが長生きしたか？

どちらが現時点で生き残っているか？

結果は、ショッキングなことに、「医師のいうことを聞かなかった人」のほうが元気だったのです。このように「これが健康にいい」とわかっていても、「そうしなさい」と命じられることによって生まれるストレスの影響は非常に大きいのではないでしょうか。

「観想《かんそう》」という右脳習慣

ある家庭に、お通夜のお勤めに出かけたことがありました。

見ると焼香用の香炉にタバコが何本も立っていて、なんだかものすごく煙たいのです。家人にうかがうと、亡くなった方が、

「最期の一服をさせてくれ」

といわれたのに、家族が、

「健康に悪いから」

と吸わせなかった。これを悔いてタバコを焚いて供養している、とのことでした。

「健康に悪いから」。それは確かかもしれませんが、その人の想いに心を寄せることも大切でしょう。ましてや末期のときなんですから。

仏教はこうした事情を知っていたのでしょうか。だからたぶん、薬師如来だけではまずいといっているのです。

そこで登場するのが、アミターバと呼ばれる「阿弥陀如来《あみだにょらい》」です。「正しい」「正しくない」という善悪の分別を超えて、すべてをありのままに受け容れてくれる存在、これが阿弥陀如来です。

先ほどの、最期の一服を願った方に対しても、

「だって、死ぬまでタバコを吸っていたんでしょう?」

と、そういう人生だったのだから、一服して人生を終えればいいと認めてくれます。

「吸うのは正しくない」といっても、人生をそうやって全部否定するのですか?

ああいう人生もあるし、こういう人生もある。「個別な死」がそこにあるわけです。

普通は、「病とは闘って勝たなければいけない」と考えるものだし、そのために薬師如来もいらっしゃいます。

しかし、死というのは闘って勝てる相手ではない。ですから、最期は闘いではないのだと思います。

そのために仏教では、西の空に阿弥陀如来という方を創られた。先ほどのように、東に金剛界《こんごうかい》があるとすれば、西に胎蔵界《たいぞうかい》がある。そのすべてを受け容れてくれる地球的な世界が、阿弥陀如来の下《もと》にあるということになります。

中国では、この阿弥陀如来を西の空に想う、「観想《かんそう》する」という習慣が生まれました。

観想とは「観《かん》じて想《おも》う」ことですが、目を閉じてリアルに何かを思い浮かべるこの作業は、大脳生理学的にいうと右脳の働きです。

西の空の彼方を「観想」して、阿弥陀さんをまじまじと観る、イメージする。細かいところまでリアルに思い浮かべるのです。リアルに思い浮かべるには、やり方があります。

ちょっと目を閉じて、カレーライスを思い浮かべてください。

カレーとご飯は、別か一緒かなどとは考えないでください。それはどちらでも結構です。
カレーライスを思い浮かべてから、目を開けてください。
…………
カレーライスを「真上」から見ていましたか?
どうでしょうか。
「斜め上」からですか?
あるいは、それ以外の方向からでしたか?
「真上」から見ていた方は、まだ「観想」になっていません。真上から見ている人は、
「具は何だろうか」とか具体的に考え始めています。どちらかというとカレーについ
て「考えていた」人です。
「斜め上」から見ている方が、右脳優位に近づいてきたという感じです。
つまり「ものを思い浮かべること」とは、「何かについて考えること」ではないの
です。

「リラックスと緊張」を両立させる効果

西の空に阿弥陀如来を観想することを、中国ではお彼岸にやりました。お彼岸に阿弥陀如来の姿を想ったのです。

彼岸とは、冬という最も大きな「陰」と、夏という最も大きな「陽」が交差するときです。ですから、人間の体も最大限に開きます。このときに良いものも病も体に入りやすい状態になると、中国人は考えました。植物を見てもそうです。彼岸の頃に芽が出て枝が伸びる。春の彼岸も秋の彼岸もそうですよね。

それは、植物の体が開くからだ、と考えられています。こうして体が開いているときが、一番、病気になりやすいわけです。ですから、その時期を病気にならないで過ごすようにと「観想」したのです。

私は天龍寺の僧堂で雲水の修行をしていましたが、坐禅は道場の日課になっていて、僧堂では冬でも夏でも、夜明けと日没はいつも坐禅をしています。これは一日の中で陰と陽が交代するときになります。

僧堂は火の気もなく、極めて寒い環境です。

「なんで夜明け前に起きてやっているのだろう」と思っていましたが、このライフスタイルが自然に養生にかなっていたのかもしれません。僧堂にいる間は一度も風邪をひいたことがありませんでした。

坐禅は体が動かない状態で瞑想しているわけですから、「陰」にあたります。しかも、慣れると、坐禅を始めたとたんに右脳優位の状態に入るそうです。

右脳優位の状態になると何が起こるのでしょうか。

病気をやっつけて、持っている元気を回復していくときの免疫力というのは、非常に大きな役割があります。

新潟大学医学部の安保《あぼ》徹《とおる》教授（免疫学）によると、健康を支える白血球の中の免疫物質に、顆粒球とリンパ球という細胞がありますが、左脳優位のときには顆粒球が増え、右脳優位のときにはリンパ球が増えてくる、ということがわかってきたそうです。

右脳優位のときとは、音楽を聞いていたり、瞑想《めいそう》していたり、何かを想像している状態で、いわばリラックスしているときです。一方、左脳優位のときは、緊張したり、論理的に考えたり計算していたりする状態です。

さらに、免疫細胞の一種にNK細胞（ナチュラルキラー細胞）という大切な働きをするものがあります。これは、骨髄《こつずい》や肝臓で生まれる細胞ですが、重大ながんなどに対して、ものすごい攻撃力を持っているといわれています。

このNK細胞を調べた研究によると、この細胞は、緊張した状態、つまり左脳優位の状態で増えるのです。ところが、このせっかく増えたNK細胞も、リラックスした右脳優位の状態にならないと活性化しないというのです。

つまり、ストレスとリラックスとが両方ないと、たくさんのNK細胞ができて、それが活性化するという状況は訪れないわけです。リラックスばかりではダメなのです。

リラックスすれば、すでに持っているNK細胞は活性化します。しかし、リラックスしているばかりでは、NK細胞は増えてくれない。これを増やすためには、ある程度ストレスを感じて、緊張して交感神経優位の状態になっていかなくてはいけない。ストレスがまったくなくなっても、NK細胞は増産されないのです。

「陽」という世界の中では、ストレスはたくさん生み出されるでしょう。動き回って、人とも会わなければなりません。こういうとき、私もストレスを感じますが、しかし、私のNK細胞の数は増えていきます。そのあとにリラックスすることで、増えたNK細胞が活性化します。「増やして活性化」。これらのデータは、私たちの健康には、陰と陽が両方とも必要だということを裏づけていると思います。

緊張しているだけ、あるいはリラックスしているだけではダメで、両方のバランスが大事だ、ということになると思います。ですから、「陽と陰」のバランスがどうしても必要になってくるわけです。

仏教では、このNK細胞の話を知らなくとも、そういうことがよくわかっていたのでしょう。金剛界と胎蔵界、あるいは薬師如来と阿弥陀如来を並べて考えるという豊かな世界があるのです。

ここまでのことを大雑把に整理すると、陰と陽の世界で、「陽」になるのが、「理知」、左脳です。そして、金剛界、薬師如来、これが陽の世界です。

一方の「陰」の世界、これは私は「理知」に対して、「瞑想」と考えています。包み込むような脳の使い方、分けるのではない瞑想状態、脳波でいうとアルファ波もしくはシータ波、そして、曼荼羅でいうと胎蔵界、そして、阿弥陀如来の世界ということになります。

「命」はなぜ「い・の・ち」と言うのか

「気」、「元気」ということについて、江戸時代の医師で『養生訓《ようじょうくん》』を著した貝原益《かいばらえき》軒《けん》がいろいろと興味深い言葉を残しています。

益軒は読書と旅が大好きで、八十五歳まで長生きしました。「読書」という陰の時間と、「旅」という陽の時間、じつにバランスの取れた趣味です。

『養生訓』の中で益軒は、養生の基本は「気を整えることだ」といっています。

「人の元気は、天地の万物を生ずる気なり
これ人身の根本なり
人この気にあらざれば生ぜず
生じて後《のち》は、飲食、衣服、居所《きょしょ》の外物の助けにより、元気養われて命《めい》を保つ」

人は、生まれたときに「元気」という気をもらってくるわけです。

つまり、子どもが一番元気なのです。私が、子どもってすごいなと思うのは、手をギュッと握りしめているのに体が柔らかいこと。力を入れているのに柔らかい状態にできる。歳をとると、だんだんそれができなくなるんですね。

「百病《ひゃくびょう》は皆気より生ず
病とは、気病むなり
故に養生の道は、気を整えるに有り
整うとは気を和《やわ》らぎ、平《たいら》にするなり
およそ気を養うの道は、気を減らさざると塞《ふさ》がざるにあり」

気を遣いすぎてはいけないのです。気を遣いすぎると、気が減ってしまいます。あまり気を遣いすぎるとイライラしてきて喧嘩《けんか》になる。気が減ってしまうと、余所《よそ》から気をもらおうと喧嘩するらしいのです。

気を遣うなといっても難しいですが、気を減らすような気の遣い方をするのはいけないということですね。

もう少し『養生訓』を読んでみると、益軒は自分の内側の「内欲《ないよく》」と、外側からやってきた「外邪《がいじゃ》」つまり「邪気《じゃき》」、これが元気を害するのだと指摘しました。

外邪は外側からやってくる病原体などで、これは医師の助けを借りて対処しますが、一方の内欲は、自身の心の中に生じるストレスや苦しみです。

「不利なる災いに遭いて、すべきようなくとも
心を苦しめて楽を失うべからず
心静かに思慮すれば、
その災いも逃るる御明《おんあ》かりも見え来ることあり
行きづまり、心忙《せわ》しかるべからず
心広くして、よく思いを伸《の》ぶるべし」

思いを伸ぶる。のびのびとすることです。思いはのびやかにしなければいけません。イヤなことがあっても、心を苦しめて楽を失わないよう、心静かに思慮すれば、それを解決するおもんぱかりも出てくる。心を広くして、のびのびと考えるように、と述べているのです。

お経を読むと、一気に右脳優位になります。暗記しているものを唱えると、すぐに右脳優位になります。つまり、苦しいことが起こったときにお経をあげるというのは、医学的にも非常に効果的なのです。右脳優位になると、アルファ波が出てきてリラックスしちゃうんですね。

「心は静かにして、身を動かすをよしとす」

心を広くして、よく思いを伸ばす方法として、心を静かに保つ一方で身体を動かすことを推奨しています。

「ときに動き、ときに静かなれば、気はめぐって滞《とどこお》らず」

元気というのは、滞ってはいけない。悪い気が入ってくるのもよくないけれど、自分の中で気が滞っているのも非常によくない。これが元気を支える基だと説いているのです。

「命《いのち》」という言葉があります。もちろん「命《めい》」という漢字が入ってきて、「いのち」という言葉が日本人によってできたのです。

では、命って、なんで「いのち」というのでしょうか。

「仏《ほとけ》」は、「ほどける」という言葉からきて、「心《こころ》」は「ころころ」からきました。

「命」は何ですか。

「胃の血《いち》」、「胃袋の血」なのです。なんで命という大事なものが、「胃の血」なのでしょうか。これはつまり、体を流れる気血《きけつ》の流れが盛んなのが、元気であるという考え方です。腹のあたりはその流れの交差点みたいなものですよね。

気は滞らせてはいけないわけですから、その交差点、体の中心部が一番盛んであるという意味でしょう。「胃の血」という言葉で全体の元気を象徴した、これが「命」です。

自分の中の常識を塗り替える

僧堂の修行で感じたことがあります。雲水の修行は確かに厳しい。でも、「なぜこんな修行をやっているのだろう」と、とことん突き詰めて考えていくと、それは自分の新しい可能性を開くことにつながる、その筋道が見えてくるのです。

修行というのは、自身の眠っている遺伝子に秘められた可能性を、新たに目覚めさせることではないか、と思うのです。

だから、「いろいろなことにチャレンジしたい」「嫌いな人とも仲良くしたい」「イヤなことも、怒りも、何とか前向きに受け容れたい」……そうしたプロセスを通じて、自身の可能性が広がり、新しい遺伝子が開くのではないのかと思うのです。

遺伝子研究の第一人者である筑波大学の村上和雄名誉教授によれば、私たちの遺伝子は九七％が眠っているそうです。

つまり、目覚めているのはわずか三％というわけですが、人間として、それほどの可能性を持って生まれていながら、それしか目覚めさせていないのは、あまりにも残念だと思います。

新しい遺伝子を目覚めさせ、私たちが一生かかって何ができるのか、この人生の最大の目的は何なのかと考えたとき、私たちに最も大きなダメージになるのは、先ほど申しました「内欲」ではないでしょうか。ダメージというより、ブレーキかもしれませんね。外邪よりもむしろ内欲がチャレンジ精神にブレーキをかける。新しい可能性を拓こうとする自分を抑える内欲は、なによりわれわれの奥深くに巣くっている常識に支配されています。まずはこの、自分の内部の常識を壊していくことが大切ですね。

たとえば長生きしたいというなら、「何歳くらい」というイメージをはっきり持つことが大事です。おそらく皆さんの内部には、ほとんど呪縛のように平均寿命が刷り込まれているのではないですか。

そろそろ七十歳だから、バイクは乗らないようにしよう。

そろそろ八十歳だから、あまりひとりで外に出ないようにしよう。

そろそろ八十五歳だから、……あら、死ぬ頃ではないか……。

こういう深いところに「平均寿命」という考えが入っていませんか。そうではなく、どうせ情報を入れるなら、とことん長寿の人を頭に入れてください。常識を塗り替えるんです。

静岡県の整体師の方が、

「日本一長生きの人の記録を持っています」

と、その記録を送ってくれました。

江戸の永代橋《えいたいばし》が燃えて架け替えとなったとき、天保年間ですが、日本一の長寿夫婦に橋の渡り初《ぞ》めをしてもらおうと、幕府が全国の長寿者を探しました。

その日本一の長寿の方は、三河の国で百姓をしていた満平《まんぺい》さんという方で、むろん数え年ですが二百四十三歳です。奥さんは二人目の方で百三十七歳でしたが、息子は百九十三歳。孫百七十七歳。みんな名前も記録も残っています。

健康と長生きの手がかり

貝原益軒は、『養生訓』で「歳をとったら肝臓を大事にしろ」といっています。中国の文献にも、「肝臓には怒りが溜まる」といわれています。

私たちは怒ると青くなったりしますね。肝臓にダメージがあると、青くなるといわれます。先ほどのＮＫ細胞など、歳をとってから大事な免疫細胞も、肝臓によって生み出されます。肝臓を大事に、腹を立てないように、というのは、そういう意味からも必要なわけです。

では、いかにして怒りを避ければいいのでしょうか。

最後に、腹を立てない方法を述べたいと思います。

なにか痛い思いをしたとき、イヤなことがあったとき、怒りを抑えたいときに、

「ああ、風流だなぁ」

とつぶやいてみるんです。

「風流」というのは、「風の流れ」と書きます。風が流れる、これは「揺らぎ」のことです。志で心はある程度固定しているので、多少の「揺らぎ」は楽しめる。本来は安定しているからこそ口にできる言葉なんですが、まずはその言葉で心の安定を誘導するんです。

たとえば歯が痛いときでも、

「なんて風流なんだ」

と口に出してみる。誰にもわかってもらえない痛みでも、こうした心で受け止めれば、何か知らない自分が目覚めるかもしれません。いや、眠っていた安定感が目覚めてくるんです。

弁慶の泣きどころを机の角にぶつけてしまった。そんなとき、人に「風流だ」と言

われたら怒ります。しかし、自分で「ああ風流だな」と揺らいでみる。揺らいでしまったけれども、揺らぎながら新しい遺伝子が目覚めているかもしれません。その揺らぎを楽しもうではありませんか。それを昔の人は「風流」という言葉で表したのです。誰かが腹を立てたとしても、めったに怒らない人が怒っているのだったら、「風流」ではないですか。

風流とは、非日常を楽しむ余裕でもあります。どんなイヤなことが起こっても、「風流だなぁ」とつぶやければ、ストレスはかなり減るでしょう。

子どもが転んだとき、お母さんに、

「あなたが落ち着きがないからでしょう！」

と怒られると、転んだときの痛みは増すそうです。

自分が転んだときでもそうでしょう。しかし、転んでしまったことも「風流」ではないですか？

この「慣れよう」とする世界と、自分の中で「慣れていない部分」で起こることは、全部風流であって、それによって新しい遺伝子が目覚めるかもしれない。

いままで滞っていた部分が通じて、元気が増すかもしれないではないですか。

元気とは陰と陽のバランスによって支えられています。片一方に偏《かたよ》ってはいけません。

正しさというのも怖いものです。正しさとは、「陰と陽」の発想からは出てきません。世の中には健康談義が多いですが、「正しい」という固定観念には注意してください。そういう考え方で「気」が滞らないように、そして、外から入ってくる「邪気」に対しては「風流じゃないか」というように受け止めて対処する。

これが、健康と長生きの手がかりだと思います。

3 禅と桃のおいしい関係

――しんどい「梅的発想」から楽な「桃的発想」へ

苦労すればするほど、いいことがある?

私の住む町は福島県の三春《みはる》といいます。「三つの春が一緒に来る」ということから、そう命名されたといわれています。

その名の通り、梅と桃と桜がほぼ一緒に咲くのです。一緒といっても、梅がちょっと早く、そして桜がその後に続き、まだ梅も桜も散らないうちに桃も咲き出します。もうちょっと南にいくと、梅、桃、桜の順番ですが、北にいけば、梅、桜、桃の順番になるわけです。

日本を代表する春の花木は、この梅、桃、桜でしょう。その中で、桜は十分に愛《め》でられていると思います。皆さんも花見をするでしょう。これだけ愛でてもらっている木はなかなかありません。

「昨日より　今日よりも今　桜かな」というような句もあります。

そういうと禅的ですが、桜は、どちらかというと全体としては浄土教のイメージでしょうか。西行法師がこよなく愛したのが桜だったので、あまり禅と合わないのですが、日本人にとっては非常に大事な木です。

梅というと道元禅師の『正法眼蔵《しょうぼうげんぞう》』に「梅華の巻」があるように、日本人は梅もとても好きですね。

「梅が香や　乞食の家も　覗《のぞ》かるる」

梅の香はどんな家にも等しく匂ってくる。このように、わりあい庶民的な花というイメージがあって、どこまでも入って来るのが梅の香です。

また、菅原道真公の、

「東風《こち》吹かば　匂い起こせよ　梅の花　主《あるじ》なしとて　春を忘るな」

という歌もあります。天神様のイメージでも知られているので、梅もかなり愛されていると思います。

しかし、桃というのはどうも褒《ほ》められ方が足りないように思います。

道元禅師が桃の歌を詠んでいます。

「春風に　綻《ほころ》びにけり　桃の花　枝葉にわたる　疑いもなし」

この歌からもわかるように、桃というのはひと言で言えば無邪気、天真爛漫《らんまん》、疑いのない心というわけで、ある意味では無垢《むく》ということだろうと思います。

梅や桜は褒めたたえる歌も言葉も非常に多いのですが、桃は禅と非常に深い関係にありながら、あまり褒める言葉がありません。

そこで今日は、禅と桃の関係を取りあげてみようと思います。

単純化してしまうと、どちらかというと、梅は苦労すればするほど、寒ければ寒いほど強い香を放つというようにとらえられています。また、剪定《せんてい》をするのは梅だけです。

「桜切る馬鹿　梅切らぬ馬鹿」といいますが、剪定、つまり基準に合うように整えていく。

これをひと言で言うと儒教的です。頑張って枝ぶりを整え、形のいいみんなに好かれる姿になろうというような考え方がそこに感じられます。

　また、桜はといえば、もともと「さくら」という音は、『さ』という農業神の降り立つ『くら』つまり場所、『くら』とは『座』と書きます。

『さ』というのは農業の女神のこと。農業の神様を古い時代に『さ』と呼んでいたわけです。これが折口信夫《おりくちしのぶ》先生の説ですね。

『さ』がいらっしゃったというので、田植えをする、畑を耕す、ということが起きます。農業の女神の命を受けて田んぼに稲を植えるのが「早乙女《さおとめ》」。『さ』に仕える「乙女」です。

　この農業の神様も時々機嫌が悪くなります。その乱れることを「五月雨《さみだれ》」と呼んでいるわけです。

　桜というのは、この『さ』という農業神の降り立つ場所というふうに崇《あが》められているので、非常に神に近い存在です。そして、三種類の中で桜だけが日本の木です。

かつて「桃源郷」があった

梅は、先ほど申し上げたように、儒教と相性がいいのです。

では、桃はどうでしょう。

桃も梅と同様に中国から入ってきた木ですが、梅は中国のどちらかというと北部、つまり儒教圏の木であるのに対して、桃は中国南部、江南地方と呼ばれるほうから入って来ました。これはどちらかというと道教圏です。

道教には、三千年に一度しかならない桃の実があって、これを食べると不老長寿が得られるという考え方がありました。中国人は、不老長寿は可能ではないかと十九世紀まで信じていたようですね。最近は死なないのはどうも無理なようだと気づいたみたいですが。

楊貴妃にしても、不老長寿といわれるものをいろいろと家来に捜させて食べたり、体に塗ったりということをやっていたようです。

私が行っていた大学にも、楊貴妃がつけていた白粉《おしろい》を再現しようとしている先生がいらっしゃいました。その先生は白粉だけではなく、どんなに高いところから飛び降りてもケガをしないようになる技術というものに挑戦していました。最初は一メートルから始め、翌日は一メートル一〇センチというように、だんだん高いところから飛び降りていくのです。しかし、毎年その教室からはケガ人が出て、学生が骨折したとか、そういうことがありました。どうもあの先生は、仙人とか不老長寿というものを信じていた節があるのです。

桃には、そうした不老長寿という側面もありました。ご存じの「桃源郷」というものもまた桃畑の先にありました。仏教でいう「極楽」です。

陶淵明《とうえんめい》が書いた『桃花源記《とうかげんき》』は、実際にあった落人《おちうど》部落のことのようです。

始皇帝という皇帝のいた秦という国がありました。国が滅びた後、その秦の民族が平家の落ち武者のように山奥に住んでいたところを、六朝時代になって発見された。そこが非常に素晴らしいところだったという話のようです。

桃源郷というのも桃の木があったところです。

桃は道教と密接に関係しています。いまは、あまり跡形を具体的に感じることは少ないだろうと思いますが、日本も当初、国を整備するのに使った概念はおもにこの道教のものでした。

たとえば、六八四年に制定された八色姓《やくさのかばね》という役職がありますが、その中になんとかかんとかの真人（まひと）という位があります。「まひと」というのは、老荘思想の『荘子』にいわれるところの「真人」（しんにん）で、完全に道教の言葉です。

あるいは、いまは神社と呼んでいる神道のお社《やしろ》。「神社」というのも道教用語です。

「三種の神器」というものがありますが、この「神器」も道教の用語です。

道教は初期の仏教成立のときにも非常に影響を与えています。

たとえば衣の色です。一般の方が、どの色が偉いのかなと考えたとき、まず、どの宗派にも共通するものとして紫色があります。聖徳太子の定めた冠位十二階でも、紫色が最上位なわけです。これは、まさしく道教の考え方で、紫を高貴と見るのは道教です。

ところが一方で、道教は国家の概念を作るのには非常に不向きな個人主義的な教えです。そのために、後から儒教がかぶさってきます。

儒教は紫色が大嫌いです。儒教が大好きなのが黄色や緋色《ひいろ》で、紫は下品だと思っているようです。

ですから、曹洞宗のトップが黄衣であるように、臨済宗などでも、紫色の上に緋色の衣ができてきました。

これはまさしく道教的な影響の上に、儒教的なカラーがかぶさってきたということがはっきり見える事柄です。

そういうわけで、儒教が後に非常に強く影響をしたために、桃をはじめ、道教的な禅の特色がだんだんなくなってくるのです。

禅語の中で、たとえば、道教や桃が出てくるものというと、

「桃花春風に笑む」

桃の花が春風に微笑んでいるという、これくらいでしょうか。ほとんどないのです。禅というのは達磨さんが嵩山《すうざん》にこもって始まったとされています。この嵩山というのはもともと道教の聖地だったので、道教の影響を非常に強く受けたんですね。

ところが、それが時代が下ってくると、桃が排除されてどんどん梅に変わっていく。道教が排除されて、どんどん儒教的になっていくということが起こるわけです。

「無邪気」ほど強いものはない

古い時代には桃が非常に珍重されたことをお話ししておきましょう。

中国では昔から、三月初めの巳《み》の日に水辺で身を清めるという風習があったそうです。

これが日本に取り入れられて、七〇一年、文武天皇が「曲水の宴」を開きました。曲がりくねった水辺で宴をしたのです。

これは『蜻蛉日記《かげろう》』に書かれてありますが、そのときに桃花酒を飲んだとあります。桃の花を浮かべたお酒を飲んだそうです。桃の花を浮かべるなんておしゃれだな、と思われるかもしれませんが、そういう簡単なものではありません。桃にはもうちょっと深い意味があるのです。

たとえば、お寺にはお札《ふだ》があります。このお札は、お寺にも神社にもあります。

このように、お寺にも神社にもあるものは、どこから来ているかというと、だいたいが道教から来ていますね。お札というのはもともと道教の道具です。お守りとかそういったものも道教が考案したものです。

ですから神社とお寺の両方に置かれているわけですが、もともとお札のことは「桃《とう》符《ふ》」といいます。なぜお札が桃符かというと、桃の木で作ったからで、しかも、桃の木の東側の枝で作ったのが本式の桃符です。

何でそれほど桃にこだわったのでしょうか。

日本の場合は、『古事記』の中に、「イザナギ」が奥さんの「イザナミ」に先立たれた話が出てきます。黄泉《よみ》の国に行ってしまった奥さんを夫がどんどん追いかけていきます。

黄泉の国というのは土の中です。どんどん追いかけていくというのは、つまり、とうとう腐乱した遺体を見てしまうわけです。いくら元夫ではあっても、この顔を見られたからには帰してなるものかということになって、今度は逆に奥さんのイザナミが、逃げ出した夫を追いかけてくるわけです。

イザナギは逃げる。イザナミが追いかける。そして、夫は逃げながら、途中、山ぶどうなど、いろいろなものを元奥さんに投げつけるのです。投げられた山ぶどうをイザナミが食べている間だけ時間が稼げるからです。それでも、食べ終わったイザナミはまだしつこく追いかけてくるので、最後に投げつけたのは桃三個でした。

この桃三個でイザナミはあきらめたのです。というのは、この桃には特別な力があると思われていたからです。その特別な力というのは何なのでしょうか。

先ほど紹介した、

「春風に　綻びにけり　桃の花　枝葉にわたる　疑いもなし」

という道元禅師の歌で、桃は無邪気だと申しました。邪気に対して一番対抗できるのは無邪気なんだという考え方です。邪気に対して邪気で対応するのは、アメリカとイラクの関係のようなものです。

禅語で、

「瞋拳《しんけん》も笑面を打せず」

という言葉があります。

「瞋拳」とは怒りの拳です。怒りの拳も笑った顔は打てない。これは、こっちをすっかり信じ込んでいる無邪気な人は殴れない、ということです。怒りも萎《しぼ》んでしまうわけです。

これが日常生活でできたらどんなにか素晴らしいだろうと思います。

しかし、普通は、向こうが怒ってくるとこっちも怒ってしまうので、それがどんどんエスカレートしてしまうわけです。

なぜ、鬼退治に行ったのは「桃太郎」なのか

平安時代、桃が邪気を払うというのは一般人の常識になっていました。

たとえば『延喜式《えんぎしき》』という本には、大晦日に「鬼遣《おにや》らい」をしたことが出ています。「追儺《ついな》」という言い方もしますが、この日には鬼をやっつけるために桃の木で作った弓と葦《あし》で作った矢を持つ。そして、桃の木の杖《つえ》を手にして鬼を追いかけたとあります。

また、『今昔物語』から類推すると、死者を出すと陰陽師《おんみょうじ》が鬼が来るといって脅したようです。

「鬼」とは何かというと、中国語では死んだ人のことをいいます。死者は全部、鬼、つまり陰陽でいえば陰の世界の住人なんですね。私が書いた『中陰の花』は、まだそ

こまでは行かない途中の世界のことです。

「魂」という字があります。この字の右側に「鬼」がついているでしょう。左側の「云」とは雲のことです。亡くなった死者の中で空に上っていくものが「魂」なのです。

「鬼」にはもう一つ字があって、左側に「白い」と書くと「魄」。これは「ハク」と読んで、死んで残る人骨の白いところに残るタマシイのことをいったわけです。いずれにしても、鬼というのは、亡くなった人のことだったのです。

では、亡くなった人は、どちらに行ってしまうのでしょうか。

これは「丑寅《うしとら》の方角」、つまり北東です。よく「鬼門」というでしょう。鬼門とは「鬼の門」です。鬼の門とは死者がそこから出入りする門ということです。亡くなると鬼になる。それが、丑寅だというものですから、牛の角をつけて寅のパンツをはかせたというのが日本の鬼の元です。日本人があういう鬼の姿を造形したのです。

このように、鬼というのはもともとは死者のことなのです。

そして、亡くなった人が出ると鬼が来るぞ、といって陰陽師などが脅したというわけです。そんなときにどうしたかというと、桃の木を大量に切ってきて門をふさげ、といわれました。桃の木がそこにあると鬼が入れない。邪気が入れない無邪気。それが桃の木だったわけです。

これが発展して「桃太郎」という話ができるわけです。鬼をやっつけに行くのがなぜ桃太郎なのかというと、桃にはそういう力があるからなのです。

「礼儀」よりも大事なものとは

お寺には方丈という住職の居室があります。その屋根の瓦《かわら》は、普通は鬼の面が描かれた「鬼瓦」が多く使われています。これは鬼に対抗するために鬼を置いているわけです。

しかし、私が修行をした天龍寺の方丈を見ると、屋根瓦の上に桃があるのです。鬼は置いていません。そういうお寺が昔は他にもあったのです。最近は、この桃のすごさがまったく忘れられているという気がします。

中国に行くと、一番古い国である殷《いん》の遺跡からも桃の種が大量に出土しています。あの時代から桃はたくさん食べられていたのです。

日本人の場合は桃というと、どちらかというと花を思い浮かべます。中国人の場合は、桃というとあの実なんですね。

「桃李　ものいわざれども　下自《おのず》から　蹊《けい》をなす」

という言葉が『史記』にあります。これも、桃や李《すもも》の下には人が大勢集まるという意味なのですが、花がきれいだからではなく、中国の場合は桃と李の実がおいしいからです。

殷の後の周の武王が戦をやめるぞというときも、

「牛を桃林の野に放す」

ということをいっています。桃林というのは桃の林。ですから、戦に使っていた牛を桃の林に戻す。つまり、桃とは平和の象徴でもあるわけです。

この周の時代にたくさん書かれた詩を集めたのが『詩経』という本です。

これをまとめたのが孔子ですが、その中に、皆さんご存じだと思いますが、

「桃の夭夭《ようよう》たる　灼々《しゃくしゃく》たりその華。その子嫁げばその室家に宜しかろう」

という歌があります。若々しい桃のような娘。桃の夭夭たるという言葉でずっと続くのですが、とにかくいい娘だということを言いたいわけです。

『詩経』独特の修辞法ですが、言いたいことを言うのに、まず自然描写を最初に持ってくる。そこに、「桃の夭夭たる」という言い方が出てくるわけです。若々しい桃のようだと、その女の子を褒めているのです。

では、どういう女の子なのでしょうか。その詩をよく読んでみると「実が大きい」――たぶん、胸もお尻も大きかったのでしょう。それと「茂った葉」――葉がよく茂っているということは、ちょっと毛深いということでしょうか。つまり、強い生命力を感じさせるのでしょう。無邪気で天真爛漫であるという少女のありさまが褒められています。

こういう女の子が嫁げば、その嫁ぎ先はおそらく幸せになるだろうということが歌われているわけです。これは、儒教的な考え方からすれば、とんでもないことでしょう。無邪気ならいいというものではないだろう、と。

儒教は礼の教えなので、礼儀作法を学び、たとえば、お茶もお花もやっていなければいけない。そういう女の子でないと嫁いでからうまくいかないのではないかというように考えるのが儒教です。「詩書礼楽」あるいは「仁義礼智信」という五徳を大事にするのです。しかし、老荘思想からいわせれば、仁義などというものは、本来の道がすたれたからこそ、煩《うる》さくいわなければならないんだと考えます。

「大道廃《だいどうすた》れて仁義あり」

と、『老子』には書かれています。大道がすたれたからこそ仁義が盛んになってくる。心がなくなったから礼儀が必要になってきたということです。

桃の世界というのは、礼儀とか仁義が生まれる前の無邪気さです。そういう無邪気で優しい女の子ならさぞかしいいだろうな、といっているのです。大事なのは礼儀作法でなかろうという世界です。

先ほど日本では、桃が描かれるのはほとんど花のほうだといいましたが、日本で桃が描かれた最初は、おそらく『万葉集』の中の大伴家持《おおとものやかもち》の歌です。

「春の苑　紅匂う　桃の花　下照る道に　いでたつ乙女」

という歌があります。紅匂う真っ赤な桃に日が差している。その桃の花を透かして太陽の光が下を照らしている。そして乙女の顔をほんのり赤く染めているという景色です。

ですから、礼儀作法などというものではないのです。本質的に生命そのものをたたえているという世界が感じられるわけです。

当初出てくる桃とは、先に述べたように、日本においては花を楽しむものでした。大伴家持に出した大伴家主の手紙にも、

「桃花瞼を照らして紅を分かち」

という言葉が出てきますが、桃の花と太陽の光が混ざって目に届き、非常に美しい様子だと思います。ところが日本にも、やがて実を食べる桃が入って来るのです。この、実を食べる桃の代表を蟠桃《ばんとう》といいます。

蟠桃とは別名「坐禅桃」といいます。毛が結構生えている桃です。毛が生えていない桃はネクタリンですね。

「蟠」という字は「わだかまる」と読みますね。なぜ「蟠」なのかというと、つぶれた形をしているからです。桃太郎の桃のようにすんなりした形ではなく、ちょっとつぶれた形、扁平です。そして、この蟠桃を日本に持って来たのが禅宗の坊さんです。

京都の妙心寺の山内には蟠桃院《はんとういん》というお寺があります。桃に縁のあるお寺で、このように、禅はもともと桃と非常に深い関係なのです。

「鏡についた埃《ほこり》」、あなたならどうする？

禅といっても、おおまかにいうと二つの禅があります。

初祖、達磨さんが起こした禅が、二代、三代、四代、五代ときます。五代から六代に移るときに、代表的な弟子が二人いました。

一人は非常に優秀な弟子で、その名も、神のように優秀だと「神秀《じんしゅう》」と書きます。

一方、ウソかホントかわかりませんが、その道場には無学文盲だったといわれる「慧能《えのう》」という弟子がいました。

慧能は「金剛経」の言葉を聞いて修行をしようと思った、というのですから、無学文盲ということはないと思うのですが、とにかく、後に六祖となるこの慧能と、神秀という二人がいたのです。

この二人の家風がものすごく違うのです。そののち、禅はこの二手に分かれるわけです。

まず、神秀とはどういう人だったかというと、極端にいえば、瓦を毎日磨いていればそのうち鏡になるだろうという大変な努力家です。毎日毎日、とにかく真面目にやっていないと悟りは開けない、というふうに考えていた人です。

二人の師匠である五祖、弘忍《ぐにん》が、自分のいまの心境を漢詩にして貼り出しなさいといったとき、この神秀は非常に素晴らしい漢詩を貼り出すわけです。

「身はこれ菩提樹《ぼだいじゅ》　心は明鏡台のごとし　時時に努めて払拭し　塵埃《じんあい》を惹《ひ》かしむることなかれ」

つまり、この身は菩提樹のようなものである。菩提樹とは悟りを開く木です。そして、心は鏡のようなものだ。鏡には塵《ちり》や埃《ほこり》がつく。それを毎日きれいにしていれば、埃もつかない素晴らしい心ができあがるといっているわけです。

それに対して、慧能という人は、正式な修行僧というよりも台所の手伝いで、毎日石臼で米を搗《つ》いていたといわれる人です。

しかし、師匠から見ると、慧能は本質的なことをわかっている、という詩を貼り出したわけです。神秀に対抗して貼り出した詩は、いちいち神秀の考え方に逆らっていました。

「菩提もと樹なし　明鏡もまた台にあらず　本来無一物　何《いず》れの処《ところ》にか塵埃を惹かん」

これは、菩提樹だというが、樹木なんてどこにあるのだ。心は鏡だというけれども、そんな鏡台のようなものを抱えているわけではないだろう。本来無一物であるし、いったいどこに埃がつくというのかといっているわけです。

この二人の違いで、「北宗禅」と「南宗禅」に分かれます。

神秀の「毎日埃を払いましょう」というのは北宗禅、これは儒教的な禅です。戒律を重視する戒律禅というものになります。これは、日本には伝わってきていません。韓国などで時々大騒ぎをする禅僧たちがいるでしょう。曹渓宗というのですが、あの人たちは北宗禅です。

日本にはついぞこの北宗禅は伝わりませんでした。「梅」的な禅は伝わらなかったのです。日本に伝わってきたのは、慧能の系統で、

「本来無一物　何れの処にか塵埃を惹かん」

という禅です。これを南宗禅といいます。

ところが、その南宗禅として伝わった禅が、やがてだんだんと儒教化していきました。つまり、江戸時代には朱子学が国家の学問になってしまい、儒教的な価値観に逆らっては禅もなかなか生き延びられなかったからです。

　ですから、もともと桃の無邪気さを愛でるような禅であったわけですが、礼儀作法を大事にするという、どちらかというと、桃的無邪気さから儒教的なものへと変質していくんですね。

「挨拶を返さない相手」に挨拶をし続ける

　『老子』という本には、

「笑わざればもって道となすに足らず」

という言葉があります。素晴らしい道、本質をいい当てた道というのは、真面目な顔をしているものではない。聞いたら笑ってしまうようなものですよ、ということをいっているのです。

老荘思想では非常に子どもを尊びます。老荘思想が一番理想とするのは、「柔弱」ということで、柔らかく弱いということが最も強いことなんだと考えるわけです。「柔弱」というのは、人間の乳幼児のあり方です。私たちもそこに回帰できないか、と考えるのが道教であり、その道教の上に乗っかったのが本来の禅、とりわけ南宗禅であったわけです。

人は成長すると頭を使って、言葉や論理を使ってものを考えるようになります。これは「分別」といわれます。

「幼な子の　次第次第に智恵づきて　仏に遠くなるぞ悲しき」

という歌もありますが、子どものころは無邪気でよかったということです。

たとえば、饅頭《まんじゆう》一つの皿と、饅頭二つの皿を子どもの前に出すとしましょう。そうすると、最初は迷わずに二つ乗った皿のほうに手を出します。このときを社会心理学では「物心がついた」といいます。物心がつくというのはそういうことです。

ところが、しばらくすると、気遣いが始まります。

本当は饅頭が二つのほうの皿が欲しいのに、どっちにしようかと迷うようになる。

これを「知恵づいた」といいます。こうして知恵づくことで、本来の無邪気さがどんどん失われていく。そこに理屈がからんできて、理屈づけをし、一つの皿を取るほうが礼儀になってくるわけです。

礼儀が生まれる前の、本来の優しい心に戻れないものかという発想が、道教や禅にはあります。したがって、人が成長に伴って身につけていく「分別」に対して、禅が重視するのは、「無分別」というものです。分別する以前の状態です。

無分別とはどういう状態か、なかなかわかりにくいかと思います。この無分別という言葉で私が思い出すのは、修行していた道場である天龍寺の私の「師匠の師匠」である管長さんのことです。

私が道場に入った頃はご健在で、毎朝、毛糸の帽子をかぶって自転車で山内を廻られていました。私がほうきで掃いているところにその管長さんが通りかかるのですが、入門した当初の私は、その人が誰だかわかりませんでした。どこかのおじいちゃん、としか思っていませんでした。

そのおじいちゃんが私に、「おはようございます」と言ってくださるのです。そこで、私も「おはようございます」と応えていました。

これはあとから聞いた話なのですが、管長さんはこのように毎朝決まったコースを決まった時間に廻っています。するとと、ある場所で必ず同じ男性に会うのだそうです。そして、毎朝、「おはようございます」と管長さんが声をかける。ところが、その男性は返事をしません。

毎朝挨拶をしても全然返事をしない相手に、皆さんは何日、挨拶をし続けられますか？

学校では「挨拶はきちんとしなさい」というでしょう。これは儒教的です。挨拶は自然発生的なものでしょう。挨拶をしろ、と言われてする挨拶など、挨拶ではないと私は思います。

しかし、こちらから挨拶をしても相手が応えないという状況が続いたら、いったい何日、同じことを続けられるでしょうか。きっといろいろと「分別」して、相手がその気なら、ということでやめてしまう方も多いんじゃないでしょうか。あるいは分別したあげくに、「挨拶しなくちゃいけない」と説教をしはじめる人も多いと思います。

しかし、管長さんは、この返事をしない相手になんと二年間、同じように挨拶を続けたそうです。

その二年後に何が起こったのかというと、ある朝、その男性が初めて、「おはようございます」と応えて、その場に泣き伏したのだそうです。

何が起こったのかくわしくはわかりません。しかし、そこで特別大きな変化がその男性の中に起こったことは間違いないと思います。

それはきっと、「挨拶をしなければダメじゃないか」と説教されることでは起こらなかった変化だろうと思います。返事をしない相手に、二年間毎日欠かさず挨拶ができるということは「無分別」でないととてもできないことです。それでこそ起こせる特大の変化がある、ということです。

「底抜けの大馬鹿」になってみる

こんな例もあります。

私の友だちでマーチンというアメリカ人の男性がいました。

彼は早くに父親を亡くし、禅の修行がしたいと日本にやって来たのですが、道場に入る前にちょっと日本の生活に慣れるために、神戸のお寺にいました。

そこでの朝食はいつもお粥《かゆ》です。アメリカ人にしてみれば、お粥とは何とふがいない食べ物だと思うのでしょう。

そこで、彼はせめて牛乳を入れればおいしく食べられるのではないかと、袂《たもと》に紙パックの牛乳をしのばせて、お粥にこそっと牛乳を入れました。

そのとき、和尚さんがたまたまそれを見つけてしまった。見つけたときに、その和尚さんは「わっははは」と大笑いしたんだそうです。

大笑いされたらたいていは、許された気分になるでしょう。翌朝も彼はまた牛乳を入れたのです。そしたら、和尚さんは、また大笑いをしたのです。

次の日も、その次の日も、毎日毎日彼は牛乳を入れ続けた。その和尚さんは毎朝同じように笑い続けたんです。

これ、できますか？

三歳未満くらいの子どもだと、できるようですね。

しかし分別のある方は、たいがい「もう何日だ、黙っていたらいい気になりやがって、もう二週間だ」などと日にちを数えるでしょう。

最初は笑った人間もその初心をどんどん失っていきます。大脳皮質でいろいろな分別をしていくのです。

「あいつばっかり許していたのでは、他に示しがつかないだろう」などというように。

最初はおかしかったわけでしょう？　おかしかったという初心を保つことは、無分別でないとできないのです。これは「梅」ではなく、「桃」の世界なのです。

変な言い方かもしれませんが、キリスト教では、「昔はみんなエデンの園にいた」というわけです。アダムとイブがそこにいたんですね。

しかし、智恵の木の実を食べてしまった。リンゴを食べてから罪を知ってしまった。そうした罪ある人間がいかに上手に暮らしていくかという考え方がキリスト教です。この考え方はじつは儒教にも共通しています。だから仁義や礼が大事にされるのです。

一方、老荘思想や禅は、この智恵の木の実を食べる前の状態に戻れ、といっているわけです。

そして、そういうふうになることはおそらく可能なのです。実際に、毎日お粥に牛乳を入れている姿を見て、毎日同じように笑える人がいるのですから。

一瞬、阿呆かと思うでしょう。大愚良寛《たいぐりようかん》という方が曹洞宗《そうとうしゆう》にいらっしゃいますが、無分別というのは、大馬鹿に見えるということですね。そして底抜けの大馬鹿にならなくちゃいけない。

「桃」がそういう考え方であるのに対して、「梅」には、だんだん蓄積していって、進歩していくという考え方があります。

若い頃はどうしようもないわけです。梅の木だって若くては鑑賞に堪えない。老木こそ素晴らしいのでしょう。ごつごつして曲がりくねって、そこに花が咲くというところがいいわけでしょう。こういうところは邪魔だと剪定して切っていき、いい木にしていくというのが梅の木の育て方なわけです。

教育というのは、ある意味でこの剪定というものがなくてはいけないだろうと思います。生命力の向かう方向があちこちバラバラでは、このエネルギーが十分に生かせない。だから、エネルギーの向かう方向を一つに絞っていくという意味で、剪定は必要だろうと思うんです。

いままでとまったく逆の「人生の放物線」

このように、儒教的、梅的には、人間はだんだん完成に近づく、よくなっていくと考えます。

まだ子どもなんだからお前にはわからないだろう。まだ小学生じゃわからないだろう、中学生はまだ子どもではないかというわけです。

しかし、そうなると、いったいいつが最高なのでしょう。ずっと待っていたら、あらもうボケてしまってわからない、などと、いつの間にかピークを通り越してしまうことになりかねません。

儒教の場合は、だんだんよくなって、また、いつしかだんだんと衰えていく。これは欧米人の考える人生と一緒です。

一方、道教、老荘思想では、だいたい五歳がピークだと考える一派もあるのです。そういう考え方ですと、大人というのは、柔弱でもなく、最低の状態です。乳幼児のときが最高で、そして歳をとるともう一度、最高のときがやってくるんですね。だんだんほどけて、また五歳に近づくのです。人生を、儒教やキリスト教とはまったく逆の放物線で考えるんですね。

しかし、このように年齢で区分するよりも、禅では常にいまが最高、という考え方もします。

たとえばいま、七十六歳だとすれば、いまが最高なのです。なにしろ七十五年も待っていたのではないですか。いまが最高のはずです。

いつでも最高だというのです。だから、どこがピークかということで考えたら、何歳であろうといまの自分がピークなのです。

あなたもいま、丸い地球の上に立っている。どこに立っていても地球のてっぺんに立っているわけでしょう。禅ではそういう考え方をします。「分別」をできる限り捨てると、そう感じるはずなんですね。

私たちは学校で何を学んでいるのかというと、おもに分別だろうと思うのです。

地球が太陽のまわりを回っているということは知っていても、そのことを皆さんは実感できるでしょうか?

たとえばいま、私はそういう科学的な意味では秒速約三〇キロメートルの速さで移動をしています。地球が回っているスピードで動いているわけです。みんなが動いているから、動いていないように感じているだけです。しかし、そういうことは実感できないでしょう。地球が太陽を回っているなどということは、本当に「分別」なのです。

実感としては、太陽が地球のまわりを回っているに決まっているじゃないですか。それでいいんじゃないでしょうか。

自分の実感のほうを重視すれば、天動説でいいのです。太陽が私のまわりを回ってくれているのです。私は宇宙の中心にいる、宇宙の中心で坐禅をする。そこがまだ、分別が起こらない世界なのです。

皆さんの学校も分別を学ぶところでもあるので、分別と無分別の兼ね合いが非常に難しいだろうと思いますが、無分別も忘れないでいただきたいと思います。

悟るために修行するのではない

「桃」というのは無邪気だと申しましたが、いってみれば影がありません。苦労を売り物にしないのです。

梅は苦労を売り物にするところがあるんですね。寒ければ寒いほど、強い香を放つというでしょう。だから苦労すればするほど、あとでいいことがあると考えているわけでしょう。

しかし、苦労すればするほど、あとでいいことがあるんだと思っていて、大地震で死んでしまったりするわけです。あの苦労はどうなったのだろう、ということになってしまいます。では、大地震で死ぬということをどう考えればいいのでしょうか。たとえば、キリスト教では、大洪水が来てノアだけが生き残った。これに理屈をつけるわけです。ノアが最も信心深かったから生き残ったのだ、というわけです。

この理屈でいわれると、大地震で死んだ人にはそれなりの理由がある、ということになるでしょう。どこか行ないに悪いところがあったのだろうというように。隣のおじいさんは生き残って、うちのおじいちゃんは死んでしまった。うちのおじいちゃんは意地悪だったのだろうか、というように、単純に因果律《いんがりつ》で考えやすいのです。そういう思考の構造を儒教やキリスト教は持っています。

しかし、老荘思想は、

「天地は仁ならず」

というひと言で言ってしまいます。あなたがいいことをしていた、悪いことをしていた、そういうことと自然現象は関係ないというのです。死ぬのも生き残るのも偶然です。本当は偶然ではなく、無数の縁起の中での出来事なのですが、それは私たちには見えませんから、偶然と思ったほうがいい。少なくとも、いいことをしていれば自然災害に遭わないなどということはないわけです。

だから、いつ死ぬかわからないんですよ、どんなに素晴らしいことをやっていても、ということですね。ということは、将来にいいことが起こるために努力するというのでは、報われない可能性があるということです。

では、どうしたらいいのでしょう。

将来に「貸し」を残さない。いま、この場で満足してしまうことです。

どういうことでしょうか。

たとえば、そのあたりをちょっと雑巾《ぞうきん》がけをしてくれ、と言われたとします。すると、何で私がやらなければならないのだろうと思いながらやります。我慢してやっている。

これはやはり精神衛生上もよくありません。禅をやると、そんなふうに思いながらは雑巾がけをしないようになるわけです。

どうせやらなければならないならば、それを自分の楽しみに変えていくしかないでしょう。

まずはその仕事が、自分がするべきことだと心から納得する。その納得するテマヒマを省くから我慢するしかなくなるわけでしょう。

それから、雑巾を動かしながら自分の筋肉の動きに意識を向けていくとか、それに呼吸を合わせていくとか、自分の楽しめるやり方に変えていくわけです。

人に言われてやる、ということは、世の中に生きていると起こります。しかし、言われてイヤイヤやっているのは、絶対体によくないのです。そうではなく、その場から結果としての楽しみも十分にもらってしまうのです。そうすると、のちのち将来に貸しはないですからいつ死んでもいいのではないですか。

今日は我慢した、というのは、今日を冒瀆《ぼうとく》したようなものです。

「いい一日だった。このまま死んでもしょうがないな」

と思いながら、毎日枕に頭を持っていく、というところまでいくと大変なものです。

それは道元禅師のおっしゃった「修証一等《しゅしょういっとう》」ということです。修行と悟りは一つで等しい。悟るために修行をするのではない、修行そのものが悟りだといっているわけです。

それはつまり、結果をあとに期待して、いまを我慢するわけではないということです。いまやっていることから楽しみもそっくりいただいてしまうんですね。これの達人が観音さまという方です。この方は何をやっても遊びとしてやっています。道元禅師や観音さまに学びたいところです。

「正しさ」と「楽しさ」

「梅」が正しさを主張するのに対して、「桃」は楽しさを主張しています。

よく心配性の人などが、いまの心配ごとがなくなったら、きっと私も楽になるのではないかといっています。でも、前にも述べたように、心配の種はなくなりません。

心配性の人は一つのことが終わったら、必ずあっという間に次の心配の種を捜してきます。そして、必ずそれは見つかります。

心配するか安心するかは、たったいま、どちらかを選ばなければいけないのです。心配する人はずっと心配し続けています。安心する人はそこで安心できるのです。安心に条件をつけたらダメです。息子が二十歳になったら安心する、などといっているとずっと安心できません。たったいま、安心することです。

これが「桃」の無邪気さでもあり、頓悟《とんご》なんです。

皆さんもご存じの言葉でしょうが、蘇東坡《そとうば》という詩人が、

「柳は緑　花は紅」

といいました。はっきりした典拠は私も見つけていないのですが、どうもそうらしい。この考え方も老荘思想の上に乗っかっている陶淵明《とうえんめい》の延長に来るわけです。

「柳は緑で花は紅」といわれても、普通、これだけでは意味が通じないでしょう。柳は緑できれいだな、桃の花は紅で無邪気で美しいな、と直接感じたことが並列されているだけです。

たとえれば、

「田中君は優しくて、鈴木君は勉強ができる」

といっているのと同じことです。これは「分別」しないとそういう見方になるということなんですね。でも皆さんは分別をするので、田中君と鈴木君はどちらが頭がいいのだろうかとか、どちらが優しいのだろう、と考えちゃうんです。それが分別なのです。

田中君は優しいな、鈴木君はなんと頭がいいんだろう。ふたつ並列しただけなのですが、そのままでいいではないかといっているのです。

どっちが頭いいの？　どっちが優しいの？　などと、比較して考えなさんな、といっているのが禅なのです。

その人の魅力が直接ドーンと伝わってくる、それが優しさであったり、頭のよさであったり、いろいろです。鮮やかな緑であったり、きれいな紅であったりするわけです。

それを比較しなくていいではないかという分別しない世界、それが「桃」の世界です。無邪気さ、無分別の世界なのです。

いまの「柳は緑　花は紅」ということをもっとわかりやすい言葉でいうと、「家風を認める」ということです。

たとえば、子どもが鼻を垂らしている。鼻を垂らしていてはいけませんよ、とチーンとかませます。そういう教育は必要です。

でも、五十歳の人が鼻を垂らしていたらどうでしょう。ああ、そういう人なんだな、と思いませんか。そういう人もいるわけです。それは「家風」として認めるしかないのです。ちょっと大変な家風ですが。

教育して仕立て上げていこう、剪定していこうという「梅」の発想と、そのまま受け容れて認めよう、家風を認めようという「桃」の発想と、両方が必要なのです。

桃一辺倒では社会生活はうまくいきません。梅も必要です。

しかし、人が幸せになるのは梅ではないのです。「桃的」になったときです。笑ったとき、無邪気になれたときに、人は幸せを感じるのです。

これから桃を見たら、そういうことを思い出しながら笑っていただければ幸いです。

4 中道について

——ちょうどいいバランスの取り方

「真ん中」とはどこか

「中道《ちゅうどう》」とは、お釈迦さまの教えの中で、非常に有名ですし、代表的なものです。間違えやすいのは、儒教の「中庸《ちゅうよう》」という言葉です。『論語』の「述而篇《じゅつじへん》」に「中庸の徳たるや、其《そ》れ至れるかな」という言葉があります。中庸を守って生きれば、それで万全であるといっているのです。

ただ、この孔子のいう中庸とは、「はなはだしきには近づかず」ということです。孔子は「丘《きゅう》」という名前だったのですが、「孔丘は、はなはだしきには近づかない人だった」といわれている通り、極端なことをしないのです。

しかし、極端なことをしないと、どこが真ん中かはわかりません。

その点、お釈迦さまという方は、「中庸」に似たような言葉なのですが、「中道」という考え方を示した。お釈迦さまは、はっきりいって両極端を経験されているのです。ですから、「中道」は儒教の「中庸」とはかなり違うものです。

中道には、三つの意味合いがあります。

まず、苦楽の「中」。

苦しすぎてはいけない、楽すぎてもいけない。

それから、有無の「中」。

ある、ない。これは後ほど申し上げますが、物事を「あると見る」か、「ないと見る」のか。それも「中」でいかなくてはいけない、といっています。

それと、断常《だんじょう》の「中」。

「断見《だんけん》」という言葉があります。これも後でくわしく申しますが、「断見」ではいけない。かといって「常見《じょうけん》」でもいけない。何かが永続すると思ってもいけない。しかし、パタッとなくなると思ってもいけないということです。

中道とは、そういう三つの意味合いがあります。「苦楽」の中、「有無」の中、そして「断常」の中。そういうふうに、分けて申し上げたいと思います。

「苦行」をすれば悟りが開ける？

お釈迦さまという方は、王子さまとして生まれています。

若い頃には夏用の別荘、冬用の別荘、それから雨期用の別荘と三つの別荘がありました。それじゃあいったいいつ自宅にいるんだ、という感じですが、そういう別荘があって、そこでいろいろな人にかしずかれて育ったわけです。

ですから、お釈迦さまは極端な「楽」ということも経験している。ただし、そこを描いては偉人伝にならないので、あまり描かれないわけですが、いろいろとゴージャスな経験をされているのではないでしょうか。

そこで「こういうことではいけない」と思ったお釈迦さまが最初になさったのは、非常に苦しいことをしてみよう、ということだったわけです。

インドには、肉体を苦しめると魂が浄化されるという考え方があって、「苦行林《くぎょうりん》」というところに入っていくわけです。いまでもやっているようですが、この苦行林でどんなことをしたかというと、とんでもないことです。

たとえば、右手を上げたまま一生下ろさない。こうしていると腕は白蠟化《はくろうか》し、もちろん動かなくなる。あるいは、一生爪を切らない。そのために、爪がグルッとオウムのくちばしのように曲がってくる。これではお米も研げません。

その他には、地面に穴を掘って首まで埋まり、一週間くらいそのままでいる。野犬なんかが寄って来るらしい。そういう苦行もあるし、裸になって全身にハチミツを塗って、アリの巣の近くで横になるとか……。

それでどうしようというわけではないのですが、そういう人たちもいます。何か変なことばかりをやっている人たちがいるのです。

要するにこれは、都市に育った人に特徴的なコントロール思想ですね。

つまり、別荘で暑さ寒さや湿気をコントロールするのと同じように、さまざまな苦に対して心をコントロールしようとした。思い通りの心を無理矢理に実現しようとしたわけです。

こんなふうに自分を苦しめることを通してお悟りを開こうというふうに思っている人たちは、いまのインドにもいます。しかし「それはちょっと違うだろう」とお釈迦さまはお考えになった。

なぜ違うかというと、苦しいことは、つい人と競うのです。張り合うんですね。

たとえば、皆さんの中にも朝四時ごろに起きて掃除をしている、などという人がいませんか。道場は、朝四時ごろにそれをやっています。道場の場合はみんながそうやっているのでいいのですが、これを家でやっていると、

「まだ嫁が起きてこない、まだ起きてこない……」

と、掃除をすればするほど、心が汚れていくということが起こる。そういう苦しみならしないほうがいいと思います。

「なぜ、私だけしなければいけないのか」という思いと、「あの人はやっていないの

に私はやっている」ということで、意地になってやるわけです。

　こういうことでは、決して心がきれいになることはありません。ですから苦行はいけない、楽もいけないということで、お釈迦さまは菩提樹《ぼだいじゅ》の下にお坐りになったのです。

　菩提樹の下に七日間坐っていたというのですが、これは苦ではありません。皆さんにとっては苦かもしれませんが、慣れると苦ではないわけです。私たちの体は、たいがいのことには慣れるようにできています。だから修行というのも意味があるんですね。

　頭を剃るということを例にあげても、私など子どもの頃は反抗してわざと剃ったりしたこともありましたが、いまでは何も考えないで剃ってしまいますから。

　道場では頭は一人で剃ってはいけないといいます。一人で剃っていると、「なんで俺ばっかり剃るのかな」と思うので、お互いに剃り合うのです。

　でも、いまは剃っても何も思いません。慣れというのは怖いもので、いっそ生えてこなきゃいいのに、とさえ思うようになります。

　うちの祖父なんかは「生えてこなければいい」と切実に思ったらしい。

卵の白身を頭に塗って、日本手ぬぐいで熱が出るほどこすって、毛穴を焼いていました。毛穴に卵の白身がしみ通ったところを表から焼くと、中まで焼けるんでしょうね。そのせいで、てっぺんのほうは生えてこなくなりましたが、左右あたりはどうしようもなかったようです。まあ、そこまでやっても生えてくるのが、またいいところなのでしょうが……。

ああ、話がすっかり横道に逸《そ》れてしまいました。私の話は横道が時々充実するんで困るんです。

「ある」と「ない」の中間に何があるか

「苦楽の中」ということは、おわかりになったと思うのですが、もう一つの、「有無の中」という、ものがあるのかないのかという見方は、非常に難しい。

普通に考えれば、「見えるものはある」「見えないものはない」と思うわけですが、「見えないものは本当にないのか」というとそんなことはない。

たとえば、いまここでラジオのスイッチを入れるとラジオが鳴り出す。テレビもつきます。

目に見えないけれども、電磁波というものがあるわけです。

目に見えるしっかりした形のものでも、顕微鏡でよくよく見るくらいではそう見えませんが、構造を調べていくと空洞のようなものです。

原子核があって、そのまわりを電子が回っているという状態は、ちょうど山手線のレールの上をバスケットボールが回っているような感覚のようです。この、真ん中が空いてるスカスカな状態が原子の構造です。

では、電子や原子核というものも物質としてあるのか、と考えつめていくと、わからなくなる。それは波である、というような見方もあるのです。

このように、物質があるのかないのかということも、中道で見なければいけない。

物理学では、ハイゼンベルクやボーアなどが出てきて、ようやくいまはそういう見方をするようになりました。量子力学といいますが、お聞きになったことがあるかと思います。

「私には見えないけれど、あなたには見えた」ということもあります。一般的には、そんなことはあるはずがないと考えますが、これはわかりません。すべては私との間に起こる出来事ですから、それが絶対ないとは言い切れない。

私たちは、自分に見えた物質は他の人も同じものが見えている、という前提で毎日過ごしていますが、これだってわかりません。はたして同じ色に見えているのかどうか。

目の病気の人に訊くとよくわかりますが、健康であることと病気であることは、どこかでパタッと入れ替わるのではなくて、その途中の人もいるのだと思います。ですから、いろいろな見え方、聞こえ方がしていると思うのです。

ですから、「ある」と「ない」ということも中道的な見方をしなくてはいけない。

「いま」がずっと続くとしたら

そして、「断見」と「常見」です。

「常見」とは、いまの状態がずっと続くと思っている、いまの存在のあり方がずっと未来永劫《えいごう》続くと思っている、という見方です。

恋をするとそういう見方になりますね。「愛は永遠だ」なんて思うのですが、あっという間に違う状況になるわけです。

その逆の見方、つまり、あらゆるものが、あるときに死んでその後は何もなくなるという見方を、「断滅の見《けん》」、断見といいます。

常見で考えると、人は死んでも同じ状態のままでいると思う。たとえば、恨みを残して死んだ人が、地縛霊《じばくれい》になってそのへんにいる……などという見方になるわけです。地縛霊などというものもずいぶん信用されているようで、それを祓《はら》い落とす人なんかもずいぶん儲かっているようですが、それは常見です。そういう見方はしてはいけないというわけです。

では、常見と断見の間というのは何でしょうか。

これはちょうどドミノ倒しのようなものです。一つの瞬間のあり方、これが一つのドミノです。これがパタンと倒れる。ドミノが並んでいる限りは、パタパタパタ……とつながっていきます。一つひとつは死に絶えても、ずっと続いていくものがあるでしょう。しかし、この「ずっと続いていくもの」は、モノではないのです。

ですから、断見と常見の間というのは、わかりやすくいうと、ドミノ倒しのようなものかと思うのですが、唯識《ゆいしき》のほうでは「刹那滅《せつなめつ》」と「心相続《しんそうぞく》」という言い方をします。「刹那に滅する」のですね。刹那にすべてが死ぬのです。

たとえば、あなたがいま、怒っているとして、それがずっと続くとしたら大変でしょう。夫婦間であれば、これはもう、離婚したほうがいい。しかし、現実は、「あんなに怒っていたけれど、次の日になったら笑っているじゃないか」ということになるわけです。そうすると、まあ別れないでちょっと我慢してみようか、ということになるわけです。

このように、その瞬時のあり方というのは、刹那、刹那で死んでいくのです。しかし、その残り香は相続されていく。唯識ではそういうふうに考えるのですね。「刹那滅」でありながら、「心相続」がなされる。これが断見でも常見でもない見方なのです。

「私とあなたは同じ」か「私とあなたは違う」か

ちょっと難しくなりましたが、禅は極端な見方をとにかく嫌います。

「差別」と「平等」という言葉がある。「差別」は、普通の言い方だと「さべつ」と言いますが、禅では「しゃべつ」と読みます。

これは、

「ものはそれぞれ違う。違うけれども、同じ面もあるじゃないか。といっても、同じと論じてしまうと腹が立ったりもする。繊細に見れば違うじゃないかと、もう少し繊細に見てほしい――」

というように、同じものを「同じに見る見方」「違って見る見方」という両方が必要なわけです。

夫婦間でも、「この人はこういう人なんだ」とわかることは大事ですが、わかっちゃったと思ったら、もうつまらないでしょう。

わかったような、わからないような、というのが一番よろしいのではないかと思います。

禅には、「銀椀裏《ぎんわんり》に雪を盛る」という言葉もあります。

銀でできたお椀に雪を盛る。雪と銀の器が同じように輝いて見えるので、同じではないか、というふうに見ることも必要なのです。

たとえば、鎌倉の建長寺と円覚寺は同じ禅寺なので、同じ点がいろいろとあります。同じ臨済宗ですし、同じように鎌倉時代から続く大本山です。このように、同じ点を見るのも大事なことです。

でも、建長寺と円覚寺はやっぱり違うじゃないか、と違うところも見なければいけない。しかし、違うところばかりを強調するのもいかがなものか。ものの本質を見誤ることになるのではないか、というのです。

坐禅をしていると、おおげさにいうと、世界と自分が一体になったような感じになることがあります。「打成一片《だじょういっぺん》」という、私もあなたも一緒、世界は一体という状態になることがある。

それはいいことであり、そういうふうになろうとして坐禅をするのも確かです。しかし、そのままで暮らせるかというと、それでは日常生活なんかできない。

ちょっとそのへんを掃除してくれ、と言われても、打成一片の状態では掃除もできない。使い物にならない状態であって、そうなると先の「銀と雪は別でしょう」というところに戻ってこないといけないわけです。

しかし、同じ人間同士として、「私とあなたが同じ」という体験もほしいでしょう。たとえば、あなたはあのような悪いことをしたが、私だっていつするかわからない——やっぱりそう思わないといけないわけでしょう。

もし状況が状況なら私もしたかもしれない、というように。ただ状況が違うだけではないですか。そういう状況でなかった私はなんて幸せなのか、というふうに見るわけです。

世の中にはあんな悪いやつがいるのか、私は違うぞ、では話にならない。仏教的認識ではないわけです。

まず、同じ人間じゃないか、と思って見る。そこに大きな共感を得た後で、同じ人間だけれどもやっぱり違う。やっぱり違う、と戻ってきたところで、具体的な動きができるわけです。

これが、「私もあなたも一緒」という状態になりきってしまったら、これは精神科の病院に行かないとしようがない。

「でも、私とあなたは違うよね」というところに戻ってきて、私たちは生活するのです。しかし、「違うよね」という前に、「同じじゃないか」という体験をしましょうというのが、禅という生き方なのだろうと思います。

ややこしいでしょうかね。

そこのところの微妙さを、「銀椀裏に雪を盛り、明月鷺《めいげつさぎ》を蔵《かく》す」などというわけです。

明月が煌々《こうこう》と照り輝いている中で、白鷺が同じように輝いている。明月と鷺の区別がつかないという状況ですが、しかし月と鷺を間違ってはいけない、ということをいっているわけです。

似た言葉に、「白馬、蘆花《ろか》に入る」というのもあります。白い馬が蘆原《あしはら》に入っていった。アシの花は白いので、その花がいっぱい咲いているところに芦毛の馬が入っていったら区別がつかなくなった、という内容です。

これは、坐禅をしているときの世界の見え方です。私と世界が一体になる。白馬と蘆花が区別がつかなくなる、いったんそういう状態になる。しかし、白馬と蘆花は違うのです。

そこが、どちらに傾いてもいけない。蘆花と白馬を一緒にみなしてはいけない。しかし、白馬と蘆花はまったく違う、というだけでは、他人に対する共感も世界に対する理解も不可能なのです。

みんな似たもの同士。似たもの同士でありながらみんな違う。その両方の見方に「中道」であらねばいけない、ということなのです。

ところで、また横道ですが、アシの花とヨシの花はどう違うのでしょうか。ちょうど、スルメとアタリメの違いと同じです。アシというと、何か縁起が悪そうなので、ヨシといっているだけなんです。

「よしあしの葉をひっ布《し》いて夕涼み」という白隠《はくいん》さんの句がありますが、いいとか悪いとか、そういうことばかり考えていると顔つきがよろしくなくなってくるわけです。

そうではなくて、良し悪しなどという判断は尻の下に敷いてしまう。それでこそ涼しい、いい風だなあと感じられるわけです。

先の早起きをして掃除をする人の例のように、「嫁はまだ起きてこない」と思いながらしていると、いつまでもいい風は吹いてきません。

嫁が起きてこないという例にこだわるようですが、いっそ早起きはやめて、朝寝坊をしてみたらいいと思います。それで、嫁さんが掃いた庭の美しさに驚いて褒《ほ》める。しかしこれ、結構難しいですよね。なかなかできないとは思いますが……。

ですから、私たちはものの見方も、「断見、常見」、あるいは「平等、差別」、その片方に偏《かたよ》ってはいけないのです。急に本題に戻ります。

なぜ同じものを見ても、見えるものが違うのか

同じであると見ながら違う、違うと見ながら同じであるという、どっちつかずというと変ですが、それを「妙観察知《みょうかんさっち》」といいます。

妙なる観察、微妙な観察ができる智慧という、仏教でいう「四つの智慧の入り口の一つ」です。

『法華経』では「如実知見《にょじつちけん》」といいますが、如実に知って見るという見方です。

私たちはどうしても、前提になる考え方があってものを見ます。「ありのまま」ということはないんですね。

たとえば、私の講演会にいらした方が家に帰って、

「今日はいい話を聞いた」

「何の話だったの？」

「よく覚えてない……」

ありのままに言うとそうなるのですね。

ここまでではなくても、講演を聞いて、「話のポイントを自分なりに捕まえた」と思って帰っても、その代わりに話の別の部分は忘れています。全部覚えるということは絶対不可能ですから。では、何を覚えているのかというと、

「どうも玄侑さんの頭は剃りたてじゃなかった」

とか、

「着物は緑色を着ていた」

とか、人によって妙なことを記憶するわけです。

私も、女房とテレビを見ていたりすると驚きます。

さっと画面の中を横切った人を見て、「どこどこのカバンを持っていた」などと言うのです。私はそんなものは見ていないのですが。

相撲中継なんかを見ていてもそうです。

「あそこに誰が来ている」などと、土俵の後ろの桟敷席にいる人のことを言うわけです。

これには驚きます。私は、「いまのうっちゃりはどっちが勝ったのか」ということしか気にしてないのに、です。

このように、みんな同じものを見ているようで、違うものを見ているわけです。そういう違いを持ったまま生きているわけですから、危ないこと、この上ないわけです。

「やむをえない」のすすめ

「中」という文字を見ると、口を書いて真ん中に棒が一本書いてあります。もちろん漢字なので中国でできたものです。

中道については、お釈迦さまのインドで生まれた考え方であることは確かなのですが、中国は中国で「中」という考え方を充実させています。インドの言葉がうまい具合に翻訳されているわけです。

インドに「プルシャ」という言葉がありますが、プルシャとは「男」という意味です。男という意味が、しだいに「固い」という意味になる。男は固いんです。固くなくなったら男じゃないんですね。そういうことじゃないですけれども、この男という言葉に「マハー」という言葉がついて「マハープルシャ」になる。このマハープルシャという言葉がインドから中国に渡ってくると、うまい具合に訳されていくわけです。

それは「大丈夫」という言葉です。男は丈夫です。女丈夫などという言葉もありますが、それに対して、丈夫は男なのです。固いというか、丈夫なんですね。

それで「マハー」がついても、中国には「大丈夫」という言葉がありましたから、「マハープルシャ」は「大丈夫」と、ちゃんとうまいことといくのですね。いろいろな国で考えられたことでも、まったく同じではないですが、似たような部分がある。

「中」ということを考えていくときに、先ほど『論語』の「中庸」というものを申し上げましたが、『荘子』という本の中には、

「其《そ》れ物に乗じて以《もっ》て心を遊ばせ、已《や》むを得ざるに託して以て中を養えば至れり」

という言葉があります。

ちょっと長いので分けてみますが、「中を養えば至れり」とは、「中を養うということが、最高に大事なことなんですよ」といっているわけです。この「中」というのが、お釈迦さまのおっしゃる「中道」というものになったと考えていただきたいと思いま

す。

「已むを得ざるに託して以て中を養う」とは、中を養うには、已むを得ざるに託する、ということが大事なんだといっているのです。

「やむをえない」という言葉の原典は『荘子』です。この言葉は、『荘子』の中では非常に大事で、「やむをえないからやる」「やむをえないから受ける」のです。

「イヤならやめろよ」と言いたくなるかもしれませんが、私が何かをこうしよう、あしよう、と思ってやることは非常に作為的なことです。それを『荘子』は非常に嫌います。そうではなくて、状況の変化の中で「それは私がやるしかないよね」、「これは、やむをえないよね」というふうに受け容れる。

受け容れたときに、私というものは変わるのです。それを別な言葉でいうと「応じる」ということです。受け身です。応じるということによって、「中」というものが養われていく、ということです。

ですから、何かをどうしてやりたい、こうしてやりたい、という作為はよろしくない。中を養うものではない、というふうに考えるのですね。

これは先ほど苦行のところで申し上げた、コントロール思想と逆の発想です。都市の発想ではなくて、田園の思想なんです。田園では、雨が降ったら「やむをえない」。雪が続くんだから「仕方ない」となるでしょう。

これは、いまの日本ではあまり受け容れられない考え方かもしれないという気がしますが、大いなる受け身というのは大変なものです。だって新潟の雪とか、沖縄の台風なんて、半端じゃないでしょう。どうして逃げないのか、とさえ思いますよね。しかし彼らは「やむをえない」こととして受け容れています。そしておそらく、偉大なる「中」を養っているんですね。

自分から進んで何かをするのではなく、すべてに応じていけるということは、それ以上はいらないのではないか。生きていると、誰が隣にいても、何か応じなければいけないことが起こってくる。それに一〇〇％応じられたら、素晴らしい人間関係ができるのではないですか。

観音経の中に「善応諸方所《ぜんのうしょほうしょ》」という言葉があります。

「善く応ずる」「諸々のところに善く応ずる」というのが、観音さまの特徴です。

何にでも応ずる。応じられる。これはなかなかできません。

日本の臨済禅《りんざいぜん》の大きな流れの中で「応燈関《おうとうかん》」、「大応《だいおう》・大燈《だいとう》・関山《かんざん》」という流れがあるわけですが、大応国師《だいおうこくし》の大応というのは大変なお名前です。大いに応じる。禅宗の中では、それさえできれば、あとはもう何もいらない、というくらいすごいことです。

先ほどの『荘子』の言葉は、

「其れ物に乗じて以て心を遊ばせ、已むを得ざるに託して以て中を養えば至れり」

というものでした。

「物に乗じて以て心を遊ばせ」――物に乗じるのです。相手がどう来ても、それに乗っかってしまうのです。そうして心を遊ばせる。

「応ずる」ということは、すなわち「おのずから変化する」ということです。

たとえば、観音さまを背にして話をしているときの私と、うどんを食べているときの私というのは、違うわけです。

違うというか、私はうどんに応じて食べているわけですから、うどんと観音さまを同じに見ては申し訳ないでしょう。ですから、うどんに応ずるということと、観音さまに応ずるということは、当然違いが出てくるわけです。

奥さんに応ずるとか、お客さんに応ずるとか、その時々で変わるわけでしょう。

「私に対するときとは、あんなに変わって！」と奥さんが怒ったりすることがあるかもしれませんが、客の前でいい顔をするのはしょうがない。だから客なんです。

自然にいい顔が出るような対応を奥さんがしてくれると、こちらもいい顔で応ずることができるのですが……。といっても鏡みたいなもので、同じものが映るんですね。

何事にも「応じていく」という生き方

「私」というものを捨てて応ずる、これは大変なことです。

うどんを食べるときに「私」はない。

観音さまに向き合えば、それなりの敬虔《けいけん》な気分が芽生えてきます。普段の私じゃなくなるわけです。

こうして、何回も生まれ直しながら、展開しながら生きていく。すべてのいろいろなものに応じながら、乗じながら、やむをえざるによって、やむをえざるに託して生きていく。これだけで必要十分だというわけです。

しかし、一方では、

「いや、私はこういうものだから、普通にうどんを食べるわけにはいかないんだ」

という人もいます。

難しいところです。

たとえば、クリスチャンの中には、お寺に来たときでも十字を切るべきだ、と考える人がいます。合掌すればいいのでは、とお坊さんが言っているので、クリスチャンではあるけれど合掌します、という人もいます。

この間、身内の法事があって、浄土真宗の和尚さんの法話を聞く機会がありました。私が客にいたもので、和尚さんが張り切っちゃって、これがまた長いこと話すのですが、キリスト教会に行っても神社に行っても、自分は浄土真宗だというやり方でいい、「自分のやり方を通せ」とおっしゃるんですね。

私はあまりそうは思いません。やったことがないので、たまには十字を切ってみたいじゃないですか。ただ、教会の前で托鉢《たくはつ》して、御礼のお経をあげようと思ったときに、「なんてあげればいいのかな」と考えたことがあります。「何々家先祖代々」というので、「南無キリスト家先祖代々」とあげましたが、それでよかったのかどうか、いまでも疑問ですが……。

「こっちのやり方を通す」というのも、「あっちのやり方に応じる」というのも、揺れる中間あたりでいいのかな、という気がします。自分のやり方でやりながらも、相手は違うやり方を言っているよ、ということをちょっと気にしておく。それもやっぱり「中道」がいいのかなと思います。

ところが最近は、どうもこの「やむをえず」という考え方が肯定されなくなってきました。やむをえない、やむをえずして行なうということは、一分の余計なものも入る隙はないんですね。

しかしそう思わなくなってきたというのは、世の中の人々がたいがいのことは自分の思うようにコントロールできると思ってきたからでしょう。

たとえば、お寺では、「今日は暑いじゃないか」と窓を開けておく。でも皆さんのお宅では、「今日は暑いじゃないか」とパシッと窓を閉めてクーラーをかける。「応じる」というよりも、「コントロールしてしまう」のです。

暑いのはやむをえないでしょう。ところが、そう考えない。暑いのは別に私が悪かったわけじゃない、クーラーをかけて涼しくすればいいじゃないか。寒いなら暖かくすればいいじゃないか、ということになっていく。

雨が降っても困らないようにしないといけない。近頃の人は雨が降ったからやむをえないとはあきらめないのです。最近は、雨が降るとお金が下りる保険があるそうです。雨が降って、小学校の運動会が中止になっても損をしないようにかけておく保険がある。ろくなもんじゃない。「やむをえない」とは思わないんですね。

旦那が亡くなった。これも、やむをえないでしょう？

旦那が亡くなったら明日からの生活はどうなるのだろう。苦しい。けれど、やむをえないじゃないですか。ところが、「やむをえない」と思えない。だから保険をかける。もちろん、やむをえない、などと言っていられないとは思います。私は保険が大嫌いなのですが、保険に入るという女房を説得できません。私が死ねば、私が生きてきたこの生活が保険なんだから、と言うのですが、そうはいかないわよ、となる。なかなか「やむをえない」と思ってくれないわけでありまして、これもやむをえないのと、そうでないのとの中間でいきますか。「中道」って、そうなると便利すぎますね。

心をもっと「遊ばせる」には

先の「其れ物に乗じて以て心を遊ばせ――」のように、心を遊ばせるというのがとても大事なことです。

ですから、いきなりは無理でしょうが、旦那が亡くなっても心を遊ばせるようにするのです。……ちょっとこれは唐突すぎる言い方ですね。

最近多い天変地異をどう考えるかということも大事です。台風で洪水が起きて家が流されたとか、いろいろなことが起こります。

これらも基本的には「やむをえない」と考えないといけないでしょう。

「あの堤防のつくり方が悪かったせいだ」「あれをやった業者のせいだ」ひいては、「それを指揮した行政のせいである」というような見方を、アメリカを筆頭にして、最近の先進国の人たちはするようになりつつあります。中国の上海では年間に裁判に訴えられる案件が二万件もあって、とても裁ききれないそうです。アフリカなどではまだそんなふうには思わないのではないでしょうか。アフリカのことはよく知らないのですが、たぶんそうだと思うのです。

沖縄もそうですね。さっきも申しましたが、沖縄にはこれまで無数に台風が来ています。私たちの体験の何倍もしているでしょう。

では、台風のことを沖縄ではどう考えるかというと、あれは「神のしわざ」。神様がやっていることなのです。そう考えることで、彼らは「やむをえないよね」と思っているのです。やむをえないと思った後に、心を遊ばせるんですね。

そこが大事です。やむをえないんだから。天命でしょう。その天命に乗るのです。それが、心を遊ばせるということなのだろうと思います。

誰かのせい、というふうに思っている限り、心は遊べません。あいつが悪い、市政が悪い……そう思っていたら、心は遊べないのです。天命だと思ったときに、初めて心が遊べるようになるのです。

『荘子』の中には、片足がないという人が時々出てきます。

当時の中国にはとんでもない刑罰があって、生きたまま片手とか片足を切ってしまうんですね。それで片足を切られた人に、「どうしたんですか、その足は」と訊いたら、何をやってどういう刑を受けたと答えることも可能でしょうが、そうではなくて、「これは天命です」と答えた。

天命だと思ったときに、そういう出来事の記憶は供養される、というのでしょうか。

人が亡くなったとき、「病院のあのときの対応がもう少し早ければ、旦那はもうちょっと生きたんじゃないだろうか」と考える。確かに、それで一週間くらいは生きたかもしれません。しかし私などは、そういうご縁も含めて、寿命だろうと思う。ところが、そのことをずっと恨んでいる人がいます。そうなると、お葬式のときの弔辞や謝辞で文句を言ったりもする。

私はやったことがないですが、喪主の謝辞で医者の文句を言い始めた人に対して、ある和尚さんは「喝！」と二度目の一喝をしたそうです。

人が亡くなったのはなんのせいだ、と言ったらきりがないでしょう。そういう国があるから困るのですが。また、そういう国と仲良くしようとする首相がいるから困るのですけれども、アメリカなんかすごいですからね。

アメリカではセブン‐イレブンみたいなコンビニで変なワッペンを売っています。病院に行ってレントゲンを撮るとき、そのワッペンを貼っていくと被曝量が測れるのです。もし、規定量以上に被曝した場合、ワッペンの色が変わるので、そうなったら病院を訴えるわけです。そういうものを町中で売っているのです。確かに、「ちょっと被曝しちゃった、やむをえないよね」とは思いませんが、そのような国にだんだん近づいていくかと思うと、ちょっと憂鬱《ゆううつ》になります。

お医者さんには慎重にやってほしいと思いますが、人は信用されたときに力を発揮するものだと思います。買いかぶるくらいでちょうどいい。買いかぶられたとき、人はものすごく乗るのです。

コントロールするのではなくて、応ずるということを申し上げたわけですが、旦那さんのことも一度、買いかぶっていただいてほしいと思います。

「みんなと同じ」でいいじゃないか

皆さんは、自分が亡くなった後のことをいろいろとお考えでしょうか。

だいたいいくつまで生きて、亡くなった後はどこに埋まる、と。

いくつまで生きるというのも計画しておかないと、頭の奥に刷り込まれている平均寿命が来たら、だいたい逝ってしまいますね。

人間の潜在意識というのはじつに根深いもので、何も考えていないと「平均値」というものが自動的にそういうふうになるくらいの力を持ってしまうのですね。

だから、どうせ計画を立てるなら、やっぱり遠大な計画を立てないといけないと思います。

私は一応、百十八。百十八歳で放浪のあげくに死ぬというふうに「私の死亡記事」というエッセイで書いてしまいまして、読まれてしまったので、実現しなければいけないなと思うわけです。

寿命もそうですが、亡くなった後にどこのお墓にどうやって入ると決まっている方も多くいらっしゃいます。

私は、夢みたいなものですが、「共同体」という場所に埋まりたいと思っています。というのは、いま、墓地がすごく「主張」するものになっているでしょう。死後も個性が生き残ってしまって、そんなに主張するなよ、というくらいです。

毎年、お墓屋さんがいろいろなことを競う「墓地のコンテスト」があります。三、四年前に優勝したのが、石で碁盤がつくってあり、その下に白石と黒石がいっぱい置いてあって、椅子まであるものでした。そこに来て、墓石で碁を打つというのです。「故人は碁が好きだったから」というのですが、個性というか、個人というか、死後もそれがあるのですね。

私は、死んだらにぎやかでなくていいのではないかと思います。生きているうちはうるさかったのだから、死んだら少しおとなしくなってもいいんじゃないかと思うのです。

以前、中沢新一さんとお話しをしていて、非常に印象深かったのは、「とても感動したお墓がある」という話でした。

その墓地は、その地域に生きた人が死んだら、全部そこに埋まるというところで、墓石は全部、草を刈る「鎌」だというのです。立ててある鎌がだんだん錆びついてくる。錆びて茶色くなった刃が、ずらーっと並んでいる。あんなに美しい墓地はないと思ったそうです。

みんな無名に還《かえ》るのです。その地域に生きたという証が、そうやってわずかに残るだけ。そういう在り方です。

私は日本における散骨というのも、基本的には個性の亡霊がなさしめているのではないか、という気がします。骨を撒《ま》いてしまうわけですから、個性じゃないだろうと思われるかもしれませんが、あれはみんなとはちょっと違ったやり方というものを、模索した結果なのではないでしょうか。

私はああいうことが広まるよりも、「みんなと同じ」でいいのではないかと思います。

いまは「みんなと同じ」にやっていけなくなりつつあります。「私だけはこうするよ」「私くらいはいいだろう」という形で、散骨がだんだん広まってきていますが、あれは共同体をなくした人の在り方でしょう。埋葬法にバラエティーが出てくることには反対しませんが、しょせんあの方法は、皆がそうしたら困る。「私くらいは」という方法でしょう。誰もが散骨したら明らかに公害になります。

そういう「私くらいは」という方法ではなくて、共同体全体でできる埋葬法を、もっと真剣に考えるべきではないでしょうか。

その共同体に、一無名の人間として、生きて死んだ。鎌一本ですよ。それでいいのではないかという気もします。

人は「揺らぐ」ようにできている

お釈迦さまの書かれたものを読みますと、「正しい」という文字が結構出てくるのですが、「中」ということと「正しい」ということとは、ちょっと紛らわしいですね。

正しいという字は「一つに止まる」と書きます。「一」という文字と「止まる」という文字を合わせると、「正しい」という字になる。いろいろと渡り歩いたあげくに

「中道」というものを選んでそこから動かない、ということもあるかと思いますが、「中」というのはもっとブレるんですね。

自分としては「こっちの端」だと思う体験をしても、とんでもない事件が世の中で起こると「もっと地獄があったんだ」ということになって、自然とその真ん中というものも少しブレる。そういう「ブレ」に応じていくということが、とても大事なのではないかと思います。

その中のどれかを選んで、それを正しいと思うことは、ちょっと違うのではないかと思うのです。

正しさというのは、どちらかというと太陽のようなものでしょう。私たちが頭で考えて「こうじゃないか」と思うことは太陽的、合理的な価値観です。

しかし、私たちが暮らしている中では、「自分でも意識できない自分」というものがいる。自分でもよくわかっていない自分――だから、人はとんでもないことをやってしまったりする。

昔の人はそういうものを月になぞらえて、いろいろな表現をしていました。

月と太陽のバランスというか、そこが大事なのではないか、と思うのです。月の影響は普段あまり意識しませんが、すごいものです。月が真上にやって来ただけで、満潮になって海の水はあんなに上がるわけでしょう。

海の水だとああやって目立ちますが、地面では何も起こらないのでしょうか。これも、ちゃんと測った人がいて、月が真上に来ただけで、地面も二〇センチは上がるそうです。私の頭も一ミリくらい大きくなっているかもしれないですね。

海の水があれだけ引っ張られるわけですから、私たちの体液もどれだけ引っ張られているか。この影響力はすごいものがあるだろうと思います。

そういうことを考えると、私たちという存在は、じつは月にものすごく振り回されていると思いませんか。

ですから、一人の人に対して、「この人はいつもコンスタントにこういう人だ」と思いたいのですが、でも「満月の日はちょっとね」とか、「新月のあいつはちょっと信用できないよ」などという揺らぎもあると思うのです。

たまたまではないと思うのですが、お釈迦さまが生まれたのは満月、お悟りを開いたのも満月、亡くなったのも満月のときだったといわれています。

こういう影響力を合理的に説明することはできませんが、やっぱり何かあるのだと思います。そういうものがあるということを、仏教はちゃんとわかっていたのだろうと思うのです。だから日光菩薩《にっこうぼさつ》、月光菩薩《がっこうぼさつ》を祀《まつ》った真ん中に薬師如来《やくしにょらい》を祀ったりしているわけです。

健康ということも、太陽と月のバランスです。だから、陰と陽というものの「中道」というものもあるのだと思います。

陰とは、基本的には根っこを生やして動かない、ということです。

陽とは、動きまわって枝分かれするということです。

その両方がなければいけない。じっとしていることも大事だし、たまには出かけなければいけない。

「坐しては看《み》る雲の起こるとき」という言葉がありますが、じっと坐って物事が起こってくるその原点を見つめる、ということも大事だし、「行きては到る水の窮《きわ》まるところ」というように、何かの源をたどっていくという行動も必要なのです。

陰に傾いてもいけないし、陽に傾いてもいけない。陽は、充実した陰によって初めて花が咲くのです。花が咲くというのは、確かに陽なのですが、根っこが充実していなければ、それはできません。土地にしっかり深々と根を下ろしていることが、花咲くためにもとても大事だということです。それも「中道」です。

ここまでの話をまとめると、「苦楽の中道」。苦しさを選んではいけない、心が汚れる。かといって、楽ばかり選んでいてはいけない。これでは何も開発されない。

それから、「ある、ない」と極端な見方をしてはいけない。あってない、なくてある。何かごまかされたようですが、そうではなくて、そうなのです。

「断見、常見」も、片方に傾いてはいけない。

死んだら永遠に終わり、ではない。しかし、死んでもそのまま続くわけでもない。何かは続く。しかし、展開して変化していくので、私たちはそれと気づけるかどうかもわからない。地縛霊なんかにはなれないのです。

そして「陰、陽」にも傾いてはいけない。

これが「中道」です。

しかし、その両極端を知ることは大事です。知らないのでは、どこが真ん中かわかりません。

孔子のいう「中庸」とは違いますよ、ということです。

「では、これから私も両極端を経験してみないと……」なんて、あんまり無理しなくていいですよ。私は、若いうちに極端を体験することは大事だろうと思っていますが、危ないのであまり人に勧められるものではありません。極端に行ったまま戻らない、ということもありえますから。

「はなはだしきには近寄らず」というのが無難といえば無難ですが、仏教の「中道」というのは、お釈迦さまが両極端を経験した上でおっしゃられたということは、認識しておいていただきたい。

悩んでいる若い人に応じるときは、そういう態度で臨んでいただきたいと思います。

5 自由意志について

――「自在に生きる人」の強さ

自信を持っていいところ、悪いところ

最近、ボランティアという言葉が非常に乱れて使われている気がします。

もともと「ボランティア」という言葉の語源は、ラテン語の「ボランタス」。これは「自由意志」という意味です。

現在このボランティアという言葉は、およそ三つの規定がなされていると思います。

一つ目には、語源に由来する「自由意志で行なう」ということ。

二つ目には、それが「無償の行為である」ということ。

三つ目には、それが「福祉目的にかなっている」ということでしょう。

ところが、最近、特に行政でボランティアという言葉が使われると、一つ目の「自

由意志」ということが、ほとんどすっ飛ばされています。「無償の労働」をボランティアと呼んでいる節がある。

じつは先日、私はちょっと交通違反をしまして、運転免許センターに行くことがありました。すると、

「路上の講習か、ボランティアか、どちらかを選んでください」

と言われました。

「なんですか？　そのボランティアって？」

と訊いたら、駅前でビラ配りをするというのです。

交通違反の罰としてのビラ配りを、ボランティアと呼んでいるんですね。いいかげんにしろ、という感じです。

多かれ少なかれ、いま現在、行政関係が使う場合のボランティアという言葉には、その雰囲気があります。無償で使う。あるいは安く使う——これがボランティアと呼ばれているような気がします。

しかし、あくまでもボランティアの基本は「自由意志」です。

この自由意志、つまり、自分が好きでやっているのだからいいでしょうという理屈ですが、しかしこれも極限まで推し進めていくと、ストーカーまで行ってしまいます。私にも最近はストーカーらしき者が現れます。向こうの理屈を言わせれば、「自分が好きでやっているのだからいいだろう」というわけです。

ストーカーも自由意志でやっている。これは非常に強い理屈なんですね。つまり、私の自由意志をあなたが制限する権利はないだろうというわけです。

そう言われればそのような気がしないわけではありません。でも、どういう理屈であれ、私が行く先々のいろいろなところに現れられると、これはどうみてもストーカーです。夜中の何時に電話したって私の自由だろうと思っているようなんですね。

では、このストーカーとボランティアの違いはどこにあるのでしょうか。

それは、自分がやっていることが正しいという自信を持っているか、いないかです。ストーカーは、この自信を持っているんです。

一方、ボランティアはどうかというと、中には自信を持っている人がいます。「私がやっていることは正しい」という認識をしながら、自由意志で無償でボランティアをやっております——と。

これはしかし、危ないところに行ってしまうんですね。ストーカーと紙一重のところに行く可能性があると思います。

では、「正しいという自信がない」とは、どういうことでしょうか。それは、もしかしたら自分がやっていることは、相手には迷惑かもしれないという思いがあるかどうかです。その思いがないと、ストーカーに近づくんですね。

ボランティアという言葉の語源をたどっていくと、最初に申し上げたように、根本にはラテン語の「ボランタス」という語があるわけですが、その後、十七世紀にイタリアで「ボランタリー」という音楽形式が生まれます。

これは、教会でパイプオルガンを弾く人が、静かであるべきお祈りの最中に音楽を奏でるのも、瞑想《めいそう》にとって有効なのではないかと思ったことが始まりです。

それまではお祈りの中で、その時間は静かにしているべきところでした。しかし、こういう音を流したら、もしかすると瞑想にとって役立つのではないかと思って、その人がオルガンを弾き始めた。もちろんおずおずと。こんなことをしたら叱られるのではないかと思いながら弾き出した。

そうしたら、それが非常にいいということになって、瞑想を促す音楽形式として「ボランタリー」と名づけられたのです。

このように、パイプオルガニストが、叱られるんじゃないかと思いながらも自由意志でおずおずとやった、というものがボランタリーです。

本来はしなくてもいいことです。しなくていいというと、言いすぎかもしれませんが、こうすべきだとか、これが正しいんだと思う根拠はそこには何もなかった。

そこで弾き出されたのが「ボランタリー」という音楽だったということがあって、その延長線上にボランティアという言葉が生まれてきます。つまり、本来は褒《ほ》められることではないのに自由意志でやり出した、というところがボランタリー、ひいてはボランティアの特徴なのです。

「いま」という時間を殺すな

「自分がやっていることは正しい」という思いは、ときとして支援される側との軋轢《あつれき》を引き起こします。

仏教関係でも、ボランティアに非常に熱心だった方がいらっしゃいます。曹洞宗《そうとうしゅう》ボランティア会を一九八一年に立ち上げた有馬実成《ありまじつじょう》さんです。

一九九九年には、この組織は、シャンティ国際ボランティア会と改名され、おもにカンボジア難民の支援を行なってきました。そして、その支援の輪はしだいにカンボジアからアフガニスタンあたりまで広がっていったのです。

カンボジア難民は、隣国のタイやミャンマーなどにたくさんいます。一番多く受けていますが、ここの難民キャンプでは、仕事をしてはいけないことになっています。

というのは、いずれは難民たちに出て行ってもらわないと困るので、その土地を耕して暮らすことを禁じているのです。土地を耕すとその土地に愛着が芽生える。出て行ってくれなくなる。ですから、彼らがやっていいのは竹細工を作るということだけでした。

では、彼らの食べる物はどうなっているかというと、世界中から支援の米が送られてきます。ひどい言い方をすると、汚染された米や程度の悪い米も合わせて、一週間に一人当たり三・五キロずつ配給があった。あ、これは私が難民キャンプに行ったときの数字ですから、変動はあるだろうと思います。

しかし、それにしても、一週間に一人三・五キロですよ! 相撲取りだってこんなに食べないでしょう。そこで難民たちは、大量に余った米を付近のタイの農民に売り、それで暮らしているのです。

私が本山からの派遣団に参加していろいろと支援物資を持って出かけたときは、巡回してあちこち見ていると、どうみてもタイの農民のほうが貧しくて苦しそうでした。じつは持っていったものの半分くらいは、タイの農民に置いてきました。

ともあれ、そうした難民支援の魁《さきがけ》として、組織を立てて頑張っていた方が、先の有馬実成さんです。

この組織に参加しているのは、たいていが坊さんですが、みんな「やるぞ」とばかりに、自分のお寺を放り出し、いや、もちろん留守居は頼むのでしょうが、とにかく彼らはやるべき正しいことをやっているという、ある種の正義感に燃えています。

しかし、有馬さんは、その意気が必ず被支援者とぶつかるということをおっしゃっていました。ぶつかってからが本当のボランティアの始まりであると。

このように、自分がやっていることが正しいと思うことは、ブッシュ大統領とそう変わらないでしょう。イラクに対しても、われわれは正しいことをやっているんだ、イラク人にとってもありがたいはずだと思っているわけでしょう。

ボランティアも、自分がやっていることを正しいと思い込んではボランティアではない、というところが非常に難しいと思います。

ですから、「私が何をしてあげたいか」ではなく、「何を求められているのか」ということが最も大事なんだろうと思います。

たいていは、自分の中の意識では、「私がどれだけ犠牲を払っているか」ということが大きくなってしまいます。犠牲を払っていればいるほど、正しいことをしていると思い込む。

犠牲とは、たとえば、

「私はボランティアで出かけるんだから、おじいちゃん、今日は店屋物ですませてね」

「私、ボランティアに行くんだから、お父さん、もっと手伝ってよ」

というようなことも起こるでしょう。奥さんがボランティアにはまって家庭が崩壊したという漫才がありましたが。そこまではいかなくても、犠牲を払えば払うほど自分のやっていることは正しいという悲壮感にも似た意識が芽生えてくるのは、おそらく人間にとって自然なことなんだろうと思います。

英語で「マイ・プレジャー」という言葉があります。

「ありがとう」と言われたとき、日本語では「どういたしまして」ですが、英語では「マイ・プレジャー」と答えます。

「自分が好きでしたのです、私の喜びですから、お気遣いなく」という返事ですが、この「マイ・プレジャー」ということが、どこまで心の底から思えるかということが大事なのではないでしょうか。

マイ・プレジャーと考えられるというのは、どういうことでしょうか。

それは、「いまやっている行ないが、いつか必ず実を結ぶ」というふうには考えないということです。

「いつか、いいことがあるに違いない」と我慢しながら何かをやってもらうということは、支援を受ける側にとってもイヤなことでしょう。

はたして、そういう「いつか」って本当に来るのでしょうか。来ると思っているんですね。

来年になったら、少し仕事もセーブして、もっと自分の生活を大事にして……と思っていても、そういう「来年」は来ないかもしれないんです。

だから、いまできないことは、おそらく来年もできない。いまやっていることの結果を将来に期待するということは、いまという時間を殺してしまうことなのです。

ですから、マイ・プレジャーということの本質は、やっていることの喜びを、そのときその場からいただいてしまっているからチャラだ、ということです。

いまという時間でやっている行為での最大の結果は「私の喜び」です。

私が「マイ・プレジャー」で行なわないことには、あとで結果を望んでも、それが来るとは限らない。

私がいまやったことの結果が、私の目の前で現れるとは限りません。私が生きている間に、結果が全部現れるとも限らないわけです。

ですから、結果を期待して、現在を原因にしてしまうという生き方は、もったいなさすぎるんです。

「観音さま」のように遊んでみる

ボランティアを考えるとき、非常にいいモデルだと思うのは観音さまです。観音さまとは、もともとインドで考え出された「アヴァローキテーシュヴァラ」というお名前の仏さまですが、般若心経では、「観自在菩薩」と訳されてます。

この観音さまという方は三十三に変身するといわれています。三十三とは「無限」という意味です。では、なぜ身を変えるのかというと、観音さまは相手が話を聞いてくれる姿になって現れるからです。「私が言っていることは正しい。だから、言うことを聞きなさい」ではないのです。

つまり、人は必ずしも「正しいこと」を聴くわけではなく、「その人が聴きたいこと」を聴くんですね。しかも、人間は感情の動物です。嫌いな人が言うことは、いくら正しくても聴きたくありません。

そんなとき観音さまは、その人が聴いてくれそうな姿になって現れるのです。

先ほど、ボランティアが陥りやすい最も危ないポイントは「正しさ」ではないかといいましたが、観音さまは正しさというものを払拭してしまったのです。

しかも観音さまは、それを楽しみ、遊んでいる。観音さまが働いているとは、観音経にはひと言も書いてないのです。

観音経には、

「遊戯している」

と書いてあります。遊戯、遊んでいるのです。人助けを遊んでいるのです。こういうことができたら、素晴らしいなあと思うのですが、なかなか難しい。

自分の正しさを相手に押しつけるのではなく、相手の現在そのままを受け容れる。そして相手に応じた方法を見つけるわけです。相手に応じた最もふさわしい方法、これを仏教語では「方便」といいます。真理というものが一つあるわけではない。「これが正しいから、そうしなさい」というものではないのです。『法華経』というお経に「方便品《ほうべんぼん》」という章がありますが、方便とは仏教にとってそれほど大事だと考えられているのです。

「方便品」の中には、いろいろな喩《たと》え話が出てきます。

たとえば、家の中で子どもたちが遊んでいるところに父親が帰ってきた。見ると、家が燃えている。何とか子どもたちを外に逃がさなければいけない。しかし、子どもたちは遊びに夢中で火事に気がついていない。「外に逃げなきゃ危ない」と言っても聴いてくれない。

そこで父親は子どもたちに、「おみやげが外にあるぞ」と言った。おみやげとは、いまでいうところの自動車でしょうか。牛の車とか、羊の車とか、そういう三台の車を持ってきたとウソをついた。すると、子どもたちはワァっとばかりに外へ出ていった。出ていった直後に家が崩れ落ちたという話が書いてあります。

とにかく早く子どもたちを外に出せばいいわけです。そのために最もふさわしい方法を速やかにとる。これを私は「方便力」と呼んでいます。

正しさとは関係ないというか、正しさという認識にこだわっていてはできないことでしょう。行かせたい場所にどうやって行かせられるかということを、方法論として瞬時に考えるということです。

「揺らぐ自分」を楽しむ

ボランティアの現場などでは、イヤなこともあるでしょう。そういう中では「自分が揺らがない」ということがものすごく大事です。

揺らがないためには、ある種の「信心」がいると思います。信心といっても、別に特定の宗教を信仰するということではありません。

別の言葉でいえば、「心根《こころね》」とでもいうのでしょうか。この心の根っこがしっかりしていれば、少々揺れても木は倒れないだろうということです。そうすると、揺れることも少し楽しくなるんじゃないかと思います。

いま目の前で起こっていることの中で、何が一番大事なのか。そのこと以外はいいじゃないかという、心の底の核心のようなものがあれば、どんな風が吹いても風が楽しめる。

それを禅では「風流」というんですね。

風流というのは、根っこがしっかりしているからこそ、はじめて言えることです。風流とは揺らぐことです。風が流れる、揺らぎです。「風流だなぁ」と揺らぎが楽しめるのは、揺らがない芯があって、はじめて可能になるんですね。

ですから、皆さんの心の奥底に、揺らがない大きなサンショウウオみたいなものが一匹棲《す》んでいるという状態が望ましいのだろうと思います。

サンショウウオって不思議です。少し前ですが、動物園で見たとき、前足一本だけを岩場にかけていた。残りの三本は、普通に水底にあって、見たところ非常に体勢が悪い。あんな姿勢では落ち着かないだろうと、私など思ってしまうわけです。

他人事ながら、あの片足はちょっと下に降ろしたらどうかと思う。足をかけている右肩の部分ばかり、ぐぐっと盛り上がっている状態で、そのままじっとしているんです。

ずっとこんな体勢でいられるということは、自分の置かれた環境を淡々と受け容れている姿ではないでしょうか。なんかこいつ、風流がわかっているんじゃないか、と思ったんですね。

この「風流」という言葉は、非常に英訳しにくい言葉だそうです。

ある人に、

「『風流』って、英語ではなかなか言えないそうですよ」

と言ったら、電子辞書で調べて出てきたのが、「パーソン・オブ・テイスト」という訳でした。

パーソン・オブ・テイストとは、味のある人。風流という言葉の訳が「味のある人」なんです。なんと素敵なすごい訳なのかと思いました。

風流という言葉を古いところで探ると、鎌倉時代の文書に「だれそれの風流は殊勝なり」とあります。

「だれそれの風流は」であって、「だれそれは風流だ」と書いてあるわけではありません。

「殊勝なり」とは、「素晴らしい」という意味です。

では、ここでいう風流という名詞はどういう意味でしょうか。まぁ人柄というようなことでしょう。しかも褒めているわけですから「味のある人柄」ですね。

味わい深い人柄を表すのに、「風流」という言葉を使っているのです。

このように、私たちは揺らぐ。風が流れるように揺らぐわけです。イヤな奴の前に出れば、イヤな人になってしまう。素晴らしい人に向き合えば、素晴らしくなる。そうやって、ゆらゆら揺らぐわけです。

しかしその揺らぎ加減を楽しめるようになると、パーソン・オブ・テイストになれるわけですね。

根っこがしっかりしていれば、揺らぐことが風流だといえるのです。

男に「二言」はあっていい

「志」というものがあります。

これはコロコロ変わりやすい心をちょっと刺して、動きにくくしようというものです。心を刺してしまう、あるいは心を一つの方向に向けて指す、それが志です。

志は必要ではありますが、しかし、あまり強すぎると苦しくなります。

たとえば、「私は絶対遅刻しない」という人がいるでしょう。こういうのはたいがい男です。絶対に遅刻しないためには、クルマを飛ばして時速一八〇キロだって出してしまう。途中でおばあさんが転ぶのを見ても助けてる余裕はありません。

また、小学生でも皆勤賞を目指すのは、たいてい男の子です。

二年ぐらい前でしょうか、皆勤賞が欲しかったばかりに、ジフテリアにかかったのに学校に行き続けて死んでしまった男の子がいました。

そういう「取り決め」や、自分で立てた「志」そのものが、自分を非常に不自由にする場合があるのです。

よく「男に二言はない」などといいます。二言はないといっても、その言葉を言ったのはずいぶん前ではないですか。ずいぶん前だから、私はそのころとは気持ちが変わりました、と言っていいんじゃないでしょうか。

でも、「いまの気持ちよりも、前の言葉のほうを尊重します」というのが、男に二言はないという言葉です。言葉に殉死してしまうのです。

また、奥さん方も旦那さんを、

「あのとき、あなた、こう言ったじゃないの」

というように責め立てたりしますから、なおさら殉死が助長されるんですね。

そう言われたら、

「だって、あれから気持ちが変わったんだもーん」

と答えてみたいものです。でも現実は、あのときああ言ったから、いまの気持ちを曲げてでもこうしなきゃいけない、というようなことが多いのではないでしょうか。あまりにきつい志を立ててしまうから、そうなってしまうのです。

それは、「志」という言葉を儒教的な意味合いで理解しているからです。儒教的な意味合いでの志というのは、人生に一貫するものです。

孔子は、三十で志を立て、四十でやっぱりこの志でいいのだと思って惑わず、五十でこの志を生きることが私の天命だと思った。

孔子の三十歳というと、牛馬の飼育管理という公務員をやめて、私塾を開いたときですね。孔子はそこで、一生自分の政治理念や思想を教育していこうと思った。途中、いろんなことがありはしますが、結局孔子は子弟教育に一生を捧げるわけです。

このように、人生を一貫する志を想定してしまうから、苦しくなるのです。

禅は老荘思想の延長上にあるのですが、老荘的には、志とは人生を一貫するものではありません。そのとき、その場の志があるのです。

雑巾《ぞうきん》がけをするときは、雑巾がけの志で雑巾をかければいい。机に向かうときは、そういうときの志があるはずです。人と話しているとき、お茶を飲んでいるとき、その時々の志があっていいと考えるのです。

　これが行きすぎると無節操ということにもなりますが、しかし、そういうふうに考えたほうが気持ちが楽になりはしないかと思います。

「日本人と河童《かっぱ》」「アメリカ人と河童」の関係

　志がきつすぎると非常に厳しいといいましたが、志はたいてい「言葉」で立てます。この言葉が行きすぎてしまうと、自分がとんでもなく苦しくなります。

　たとえば、金子みすゞさんという詩人がいました。

　みすゞさんは、「鈴と小鳥とそれから私、みんなちがって、みんないい」と書きました。

「みんなちがって、みんないい」って、世界の金言にしてもいいような言葉じゃないですか。誰が正しいわけではないという素晴らしい言葉だと思います。

ところが、みすゞさんは、そこでやめられなかった。表現はやっぱり行きすぎるんです。

そこで、「みんなが好きになりたいな」という詩を書いてしまった。

しかしこれは無理です。みんなを好きになるのは無理です。

ところが、みんなが好きになりたいなと書いてしまうと、みんなが好きになれない自分が許せない。夫さえ好きになれない自分が許せない。これは苦しいでしょう。

その言葉を残して死んでいくしかない。言葉に殉死するしかない。だから、自分がどうありたいという志を言葉で考えるときに、言葉が行きすぎてはいけない。

「みんなちがって、みんないい」以上に進む必要はないと思います。

これは老荘思想の中では、「天鈞《てんきん》の思想」といわれます。

天鈞というのは、天から見れば釣り合っているということです。ある二つのものを見ると、こっちのほうが良くて、こっちは劣っているように見える。でも、天から見れば、ちゃんと釣り合っている。

　私から見れば、こっちのほうがきれいで、こっちはなんかみすぼらしい気がする。しかし、天から見れば、釣り合っている。この場合の「私の見方」なんて当てにならないわけでしょう。私の見方でしか、私たちは見られないわけですが、しかし、そうじゃない見方があるだろうということを信じるんです。

　これは大きな信仰です。それがおそらく皆さんの心根の底に棲むサンショウウオになるのだろうと思います。

　自分がいい悪いと判断していること、大脳皮質が判断していることは、大したことではない。そんなものでは、わからないことだらけでしょう。そうじゃない見方が無数にあるのです。

　荘子は面白いことを書いています。

　人間の美女は、シカやサルにとっても美女だろうか。シカやサルが寄ってくる女性は、人間が美女だと思っている人だろうか。

そうとは限らないでしょう。

私に見えていることがありのままではないのです。この言い方は、そのままずんなりは通じないかもしれません。

でも、物が見えるという仕組みは、光が物に当たり、それが反射して、自分の網膜に入ってくる。網膜の中には、約五百万個の円錐細胞というカラーで見せる細胞があり、約一億個の桿状体《かんじょうたい》細胞がある。この約五百万個のカラー情報と約一億個のモノクロ情報が視床下部を通って、脳の中で立ち上げられ、一つの画像を結んでいるわけです。

ですから、網膜の持っている能力が少しでも変われば、見え方はまったく変わります。決して、ありのままなんかではないというのはわかるでしょう。しかも、脳の中で立ち上げた「画像」を私たちは見ているわけです。

ということは、皆さんの脳の中にどういう知識が入っていて、どういう考え方をしているかということでも、見えるものは違ってくるということです。

コンピュータとわれわれの脳は大きく違います。

たとえば、コンピュータは記憶機能と計算機能がまったく別なところで行なわれます。したがって、記憶が計算に影響することはありません。いうならば、記憶はメモリー・ファイルに置きっぱなしです。

しかし、私たちの脳は、記憶が入っているところで、外部からの情報も処理する。だから、あるはずがないと思っている物は見えないのです。

たとえば、河童《かっぱ》というものがいます。いますと言われたって困るでしょうが、夕方薄暗いときに、川で何かをしていて足がズルッと滑った。岸に戻ろうとしたら、また滑った。そのとき一瞬、何か背中がザワッとしたので振り返ったら河童がいた、というのは、日本人にはあり得るわけです。

でも、アメリカ人は、そんな状況でも、まず河童を見ることはない。

だから、幽霊がいるかいないか、魂はあるかないか、というような疑問に対して、誰にでも共通するスパッとした答えがあるわけじゃないということです。

何かややこしい話になってしまいましたが、要するに、皆さんが何をどう考えているか、大袈裟《おおげさ》にいえば文化的蓄積というものが、物の見え方にも大きく作用するということです。

ですから、皆さんの心の底に、「天鈞の思想」、つまり、天から見れば釣り合っている、自分の物の見方は一方的なのだ、ということをしっかり入れておくことで、物の見え方が変わってくるだろうと思うのです。

「スタンダード」がいいことか

ボランティアという考えが、仏教の中で発達しなかったのはなぜでしょうか。別に坊さんが怠慢だったというわけではありません。

ボランティアとは、はっきりいって、キリスト教社会の中から出てきた考え方です。仏教とキリスト教では、人に対する見方が根本的に違うんですね。

キリスト教社会の根底には、「スタンダード」や「ノーマル」というものを想定して人間を見るという見方があります。スタンダードというのは、神に最も近い、完全な人間の状態を考えているわけです。それが少しでもそうじゃない状態の人は、「ハンディキャップト」といわれた。スタンダードよりも劣っているということです。だから、それは当然助けなければいけないでしょうという考え方が生まれてきた。

したがって、ボランティアの発生は、キリスト教社会の中では非常に早いのです。ところが、仏教やあるいは東洋という土地の中ではどういうふうに考えるかというと、先ほど申し上げた「天鈞の思想」です。

私にはこちらのほうがやっぱりなじみやすい。つまり、天から見れば釣り合っているのかもしれないと考えるわけです。そうするとどうなるか。

目が見えない人には、目が見えない人にしか見えない世界があるんじゃないか。東洋人はそう思っています。目が見えないということは、単なるハンディキャップや、単に劣っているということではない。耳が聞こえなかったり、あるいは話すことができないことも同じです。

老荘思想の『荘子』の中にこんな話があります。

「渾沌《こんとん》さん」という人がいました。

この人は、渾沌としているので、顔に眼鼻口という穴が開いていない。穴が開いてないのはかわいそうだと、二人の友だちがやってきて渾沌さんに穴を開け始める。一日一つずつ開けていった。

穴を開けるということは、つまり、目を作り、鼻を作るということです。顔には七つの穴があります。一つ、二つ、三つ……と穴を開けていったら、渾沌さんはだんだん元気になっていった。六つ目まではどんどん活発になった。

ところが七つ目を開けたら、渾沌さんは途端に死んでしまったのです。

この考え方を敷衍《ふえん》すると、要するに一つくらい感覚器が塞《ふさ》がってるほうが、私たちは元気だということです。つまり、いわゆる五体満足という状態のほうが、むしろ劣っていると考えているわけです。

東洋ではこの考え方が根底にあるので、どこかが不自由だという方を見たときに、すぐさま劣っているとは思わないわけです。ですから、すぐに手を差し伸べては、かえって失礼ではないかという考え方が皆さんの頭にも浮かぶのだと思います。東洋人の中には、もともとそういう考え方が染み込んでいるのです。

そこに欧米からボランティアが入ってきた。しかし、それを実際にするのは私たち東洋人です。

では、その東洋人としての考え方をどうしたらいいのか。捨ててしまうのか。

いや、そうではないでしょう。やっぱり日本におけるボランティアのあり方を完成するためには、この「天鈞の思想」を持ち直さないといけないと思います。

五体満足で存在していられる私が、必ずしもスタンダードではないのではないか。

では、スタンダードっていったい何でしょうか。スタンダードという思想は欧米に共通したものです。

アメリカのスタンダードは、ＷＡＳＰ（ワスプ）といいます。ホワイト（White）、アングロサクソン（Anglo-Saxon）、プロテスタント（Protestant）、つまり、アングロサクソン系白人新教徒でないものは差別される。そして、差別されているから支援する。つまり、じつは自分で差別して、自分で支援しているわけです。

スタンダードという考え方をわざわざ作るから、被差別者ができる。だからそれをボランティアで救うというシステムをわざわざ作るわけです。

私が文句を言ってもしょうがないですが、だからこそ、東洋には東洋のボランティアに対する考え方があり得ると思います。そこで重要になってくるのが「天鈞の思想」ではないかと思うわけです。

「自立」という危うさ

「自立」という言葉もよく使われます。

ボランティアの人も、支援をすることで、自立してほしいという活動をされているのだと思います。

しかし、この「自立」という言葉には、私はあまりなじみません。もともと自立というのは、「インディペンデント」という言葉の訳だと思いますが、インディペンデントとは、ディペンドしない、つまり「頼るということをしない」ということです。

では、「自立」といいますが、皆さん、自立していますか。誰にもディペンドせず、頼らずに生きていますか。

もし、そんな状態なら、この社会で生きることはないんじゃないでしょうか。私は、親が子どもに「自立しなさい」というのはやめてほしいと思っています。もともと自立とは、親が面倒をみきれませんという状態を指していう言葉です。

つまり、歴史上、学校教育が始まるより以前に使われた言葉なのです。中世ヨーロッパの子どもたちは、六～七歳になると、たいていは徒弟奉公に出ました。そうすると、先輩たちとお酒も飲みにも行くし、女の子ともつき合ったりするわけです。

そうなったとき、親は子どものつき合いの範囲もお金の使い方も知らないわけでしょう。そのために、徒弟奉公に行った子どもは「インディペンデント」といわれたわけです。

そして、「インディペンデント」が何を意味したかというと、もし、その子が何か犯罪を犯したときは、死刑にしてもらっても仕方ない、罪に応じて罰してもらって結構。つまり親の責任ではありませんということです。それを「インディペンデント」と表現したわけです。

しかし、十七世紀に学校教育が始まると、学校教育の期間中は、子どもがやっていることを親はたいがいわかる。ですから、子どもは保護の対象にすべきだという考えになってきます。保護の対象とは、つまり自立していないということです。

したがって、現代のように、保護をしながら自立しなさいといっているのは、どう考えてもおかしい。

もちろん、一人でなるべく自立的な生活をするのは、とても大事なことだと思います。しかし、その状態を本人が自立していると思い込む必要はまったくないわけです。

むしろ、「はかりしれない『おかげさま』で生きている」という認識のほうが、よほどいいのではないでしょうか。

「自立する」ということと、「自立していると自分が認識する」ということは、まったく別のことでしょう。そこがいま、何か使われ方が変だと思います。

子どもたちは、パソコンを使ったり、携帯電話を持っていたりと、親のはかりしれない情報をすでに持っています。特に都会の子どもたちは、おそらく親も責任が取れないような状態でしょう。親が知らないアルバイトにも出かけているんですから。あれはもう自立しているということです。何かあった場合、罰してもらって結構ですよというのが、子どもが自立しているということなんですね。

「起こったこと」をすべて受け容れる生き方

自由意志について考えてきましたが、自由意志とは私たちそれぞれにあります。

だから、たとえばボランティアに励むのも、自分の自由意志でやっているわけなので、マイ・プレジャーという気持ちを持ちながら、因果《いんが》に縛られずに、そのときに喜びのすべてをいただくつもりで、自由意志でやればいい。

しかし一方で、支援を受けるほうにも自由意志がある。私の自由意志と向こうの自由意志というものをどう考えるか。その考え方には大きく二つの方向があると思います。

一つは、「己の欲するところを人に施す」という聖書的な考え方です。

もう一つは、「己の欲せざるところを人に施すことなかれ」という孔子の『論語』にある言葉です。

この「己の欲するところを人に施す」と、「己の欲せざるところを人に施さない」ということのどっちに中心を置くか。これで大きく違ってきます。

キリスト教的なボランティアの原点にあるのは、やはり「己の欲するところを人に施そう」という考え方です。このやり方は、やがて「正しさ」に行き着きます。そうすると、「そんなもの、別に私は施してほしくない」という人とぶつかります。

東洋人ならそこをもうちょっと考えて、「己の欲せざるところは人に施さない」ということを中心に置いてはどうかと思います。

欲するも欲さないも、ボランティアの現場では、ほとんど反射神経的にいろいろと行なわれているのでしょうが、「私はこの人にとって、イヤなことはしていない」ということが、これからは大事だと思います。

「イヤなことはしていない」ということは、なかなか自信にはつながりません。ところが逆に、「私はこの人にとって、いいことをしている」と思うと自信ができてしまう。その自信がいずれ邪魔になる。ぶつかる原因になるということです。

ですから、「私はこの人にとって、イヤなことはしていない」ということを中心に置いたほうがいいと思います。仏教的、あるいは東洋的な考え方だと、おそらくそうなります。

この人が何を欲しているのかは、他人には最終的にはわからないことです。私が「この人が欲しているだろう」と思うことを、本当にこの人が求めているかどうかは、わからないですよね。

いろいろと申し上げて、頭の中がまとまらないかもしれませんが、「心根」、つまり心の根っこ、一本の木にたとえるなら、この根っこがしっかりと深ければ、揺れても楽しめる。それが「風流」なんだと申しました。

「風流」という言葉は、起こったことは受け容れようという基本的態度のもとに、つぶやかれる言葉です。起こったことは、基本的にすべて受け容れていくしかないのです。

それを「心根」を深く持って、小さな揺らぎだけで受け容れていかなければいけないわけですが、そのときに「風流」とつぶやいてみるのは有効です。

もし、転んで頭から血が出ても「風流だなぁ」とつぶやく。

望んでいないことや、めったにないことが起こったらそれも風流じゃないですか。

たとえば、道元禅師のように、雪が降って寒いときも、

「冬雪さえて涼しかりけり」

と言ってみる。「雪がきれいで涼しいね」ということです。「涼しい」ということで寒さを受け容れているのです。

「やむをえざる」こととしてさまざまな事態を受け容れ、あまり自由意志を振りかざすよりも、観音さまのように「応じる」ことでご縁を活かしていく。

そういう態度でこそ、素晴らしいボランティアの花も咲くのではないでしょうか。

「自立」なんてことも、あまり本気に考えなくていいんです。

しょせん、人は自立なんかできない。さまざまなご縁の中で生きていくわけでしょう。

心根を深く持って、ご縁を風流という「揺らぎ」として楽しみながら、「自由意志」だなんて青筋を立てないで、明るく過ごしていただきたいと思います。

あとがき

講演は、ナマモノである。

つまり、きちんと準備していっても、会場の雰囲気でどんどん話が逸《そ》れ、まとまらなくなることもあるし、ときにはその横道が充実してしまうこともある。またその場の聴衆の皆さんに反応しているうちに自分でも面白くなり、思わぬ話が出てきて驚くことだってある。

独りで書いているのと違って、ときに聴衆が絡《から》んでくる。瞬間芸というか、その雰囲気でないと言いそうもないことを言うこともある。その辺がナマモノの面白さなのだろう。

どうも私は、講演が嫌いではないらしい。

考えてみれば、講演こそ諸行無常そのものだということもできるだろう。二度と同じことは話せないし、そのときの雰囲気を再現することも難しい。むろん、文字にしてしまうと、勢いというのはかなり削がれる。少し上品にもなる。しかしこの本は、最近の私を、ある意味で著作以上に写し取っているのかもしれない。

三笠書房の長澤義文さんが初めて私の講演会にやってきたのは、いまで言うと一昨年の秋だったと思う。じつに真面目で熱心で、録音するだけでなく、メモなどもとりながら聞いてくれた。

私も初めは「ありがたい」と思っていたのだが、だんだん同じ人がいると同じ冗談が言いにくくなってくる。同じエピソードも話しにくい。これはじつに困ったことだと気づいたのである。

であるから、これらの講演の一部には、長澤さんがいるからちょっと工夫しようか、という部分もあったはずである。

こんな本が出ると、今後ますます講演がやりにくくなるのは確かだろう。いわば自分で自分の首を絞めるようなものだ。首を絞める趣味はないが、やはり私は、基本的に人生は諸行無常だと思っている。似たようなテーマでも、今後の話はどんどん違ってくるはずだと思うから、二〇〇四〜二〇〇五年の二度とない記録のつもりで、この本を出していただくことにした。

むろん同じ人間がそうそう全面的に変わるわけにはいかないから、今後どこかで同じ話を聞かれることもあるかと思う。しかしその場合でも、おかしい話には何度でも笑える人であってほしい。……いや、これは別に私が助かるからではなく、じつはそれこそ禅の目指す人間像なのだ。なんだか調子のいいお願いに聞こえるだろうか……。しかし私は、同じ話で何度でも笑える人を、本当に心から尊敬しているのである。

ところであなた、少し眉間《みけん》をひらいては如何《いかが》。

そしてどうぞ、もう忘れてください。

玄侑宗久　拝

二〇〇六年、如月

自燈明《じとうみよう》

著　者――玄侑宗久（げんゆう・そうきゅう）

発行者――押鐘冨士雄

発行所――株式会社三笠書房

〒112-0004 東京都文京区後楽1-4-14
電話：(03)3814-1161（営業部）
　　：(03)3814-1181（編集部）
振替：00130-8-22096
http://www.mikasashobo.co.jp

印　刷――誠宏印刷

製　本――宮田製本

編集責任者　前原成寿
ISBN4-8379-2161-2 C0030